맨박스, 페미니즘

억압을 부수고 나올
용감한 남학생을 위한
페미니즘 공부

맨박스,
페미니즘

2023년 1월 2일 처음 펴냄

지은이 권재원
펴낸이 신명철 | 편집 윤정현 | 영업 박철환 | 경영지원 이춘보 | 디자인 최희윤
펴낸곳 (주)우리교육 | 등록 제 313-2001-52호
주소 03993 서울특별시 마포구 월드컵북로 6길 46
전화 02-3142-6770 | 팩스 02-6488-9615 | 홈페이지 www.urikyoyuk.modoo.at

맨박스, 페미니즘

억압을 부수고 나올
용감한 남학생을 위한
페미니즘 공부

권재원 지음

우리교육

마침내 페미니스트가 될 여러분에게

"모든 글은 처음이 어렵다."

이 말은 원래 읽는 사람 관점에서 어렵다는 뜻이다. 그런데 이번 글은 쓰는 입장에서 어렵다. 어렵게 시작한 글이다 보니 거의 의식의 흐름을 연상할 정도로 글이 멋대로 튀어 다니고 말았다.

당연한 결과다. 지금까지 내가 써 온 글들은, 먼저 충분히 공부하고 그것을 내가 가지고 있던 문제의식과 연결하여 정리하고 추론한 결과물이었다. 글을 쓰기 전에 사유가 완결되었고, 머릿속에 이미 완성된 글이 들어 있었다. 그런데 이 글은 글을 쓰는 과정 자체가 공부이며 추론이고 사색의 과정이다. 공부하고 나서 글을 쓰는 것이 아니라 글을 써 가면서 공부했다. 결과적으로 감히 독자 앞에 공부가 덜 된 글을 내놓는 실례를 저지르게 되었다.

그럼에도 불구하고 이 글을 공개하는 까닭은 내용뿐 아니라 글의 형태도 메시지의 한 종류라는 생각에서다. 누구도 자신의 존재론적인 한계를 넘어서서 답을 찾을 수 없지만, 그럼에도 불구하고 그 한계를 넘어서서 생각하고 공감해야 한다는 메시지. 즉 남

4

성이라는 한계를 분명하게 인지하지만, 그럼에도 불구하고 여성의 문제에 관한 생각, 공부, 글쓰기를 멈추어서는 안 되며, 비록 서툴고 어색하겠지만 어쨌든 그 상태부터 출발해야 한다는 메시지. 이게 바로 이 글의 형태가 전하는 메시지다. 확실히 매체가 곧 메시지다.

그래서 서문에 나의 존재론적 한계를 미리 명시한다. '50대 아재'. 이 글은 페미니즘을 소개하고 가르치고 설명하는 글이 아니다. 나는 그럴 자격이 없다. 50대 아재기 때문이다. 다만 나와 같은 존재론적인 기반을 가진 사람들, 그리고 장차 그렇게 될 사람들에게 이 글이 따라가게 될 사유의 여행과 비슷한 길을 떠나 볼 것을 요청하는 일종의 제안서를 쓸 뿐이다. 이 주제에 대한 사유의 여행을 제안하는 것이다.

평소 오만하기로 유명한 내가 이토록 겸손하게, 내가 다룰 자격이 없다며 한발 물러서서 이야기하는 주제는 과연 무엇일까? 50대 아재라는 존재론적인 기반에서 오는 한계를 인정하되, 그렇다고 외면해서는 안 되는 주제, 바로 페미니즘이다.

그러면 왜 하필 50대 아재 교사인가? 저 세 단어, 50대, 아재(남성), 교사는 모두 이 사회의 기득권층을 상징하는 단어다. 그럼 저 세 단어가 붙으면 페미니즘이 달라지기라도 하는가?

자칫하면 이렇게 오해받을 위험도 있다.

'보라, 난 이렇게 어느 모로 보나 기득권층에 속하는 남성임에도 불구하고 페미니즘에 대해 많이 알고, 관심이 많다. 멋지지?'

이런 식으로 과시하려는 생각 아니냐고. 하지만 단지 허영이라는 동기만으로 흉내 내기에는 페미니즘은 너무 위험부담이 큰 주제다. 심지어 사회주의나 공산주의를 거론하는 것보다 페미니즘을 거론하는 것이 더 위험할 수 있다. 그렇다고 페미니즘이 엄청 위험하고 전복적인 사상인 것도 아니다. 여성을 동등한 사람으로 인정하고 동등한 능력, 가치, 생각을 가진 주체로 받아들여 달라는 것일 뿐이다. 이 뻔한 이야기를 끄집어내기 위해 엄청난 용기가 필요한 것이다.

페미니즘을 주장하는 여성은 종종 "이상한 여자" 취급을 받기도 한다. 시집 못 가는 여자, 성격이 이상한 여자, 외모에 콤플렉스가 있는 여자 등등. 심지어 최근 남자 청소년 사이에서 꼴페미, 페미년 같은 혐오 표현까지 마구 사용되고 있다.

세상에 목소리를 내는 여성을 일반적이지 않은, 뭔가 문제가 있는 존재로 낙인찍어 버리는 수법은 꽤 뿌리가 깊다. 1989년에서 90년 사이 '전교조 여교사 식별법'이라는 괴담이 돈 적이 있는데, 그중 "키 작은 독신 여성"이라는 말은 빠지지 않고 들어 있었다. 이런 식으로 교묘하게 전교조는 불만과 콤플렉스가 많은 "이상한 여자들"이나 하는 짓으로 낙인찍어 버린 것이다. 예나 지금이나 전교조 지도부는 대부분 남자지만 말이다.

현재 우리나라는 사회주의조차 너그럽게 웃어넘길 수 있는 사람들이 페미니즘에는 즉각적으로 쌍심지를 돋우는 상태다. 법무부 장관조차 "나는 사회주의자다."라는 발언을 철회하지 않아도 될 정도로 관용적인 사회가 된 이면에 "나는 페미니스트입니다. 페미니즘 교육을 하겠습니다."라고 선언하는 여교사 한 명을 용납

하지 못하는 잔혹한 억압이 도사리고 있다. 인기 많은 웹툰을 그리던 작가가 소위 '꼴페미'로 찍히자 한동안 계정을 닫아야 할 정도로 악플에 시달려야 하는 그런 수준 말이다.

그럼에도 불구하고 페미니즘은 계속 이야기되어야 하며, 페미니즘에 대한 이해는 점점 확대되어야 한다. 그리고 현재 대한민국에서 "페미니즘에 관한 이야기를 그나마 안전하게 할 수 있는 사람"은 50대 남성이다. 못마땅해도 현실이 그렇다. 따라서 페미니즘 앞에서 반발이나 분노를 느끼지 않고 공감할 수 있는 50대 남자 교사라면 단지 자신의 관용적인 태도를 자족하는 데 그칠 것이 아니라 적극적으로 이야기해야 한다.

물론 50대 남자 교사가 페미니즘에 관해 이야기하는 것도 위험하다. 특히 "내가 언제 도와달라고 했어?"라며 도끼눈을 뜨는 여성의 시선에 상처받을 각오도 해야 한다. 실제로 그런 일도 있었다. 2019년 광주에서 어느 50대 남자 교사가 양성평등 교육을 하면서 학생들에게 프랑스 페미니스트 감독의 영화 한 장면을 보여 주었다. 그런데 그 영상물을 음란하다고 느낀 여학생이 성폭력 신고를 했고, 교육청은 이를 즉시 처리하여 교사를 직위 해제하고 징계를 위한 조사 절차에 착수했다. 문제는 그 교사가 흔히 볼 수 있는 소위 50대 한남 꼰대가 아니라는 것이었다. 오히려 평소에 진보적, 아니 급진적이었고 페미니즘에 우호적인 포지션을 취한 교사였다. 더구나 해당 교과서의 양성평등 단원 저자기도 했다. 이 사건은 결국 전국적 파문을 일으켰다. 시민 운동권, 특히 페미니스트들이 이 사건을 경계로 양편으로 갈라져서 논란이 오갔다.

여기서 이 사건의 시비 곡절을 세세히 가리는 것은 주제를 많이 벗어나는 일이다. 이 교사는 오랜 법정 투쟁에서 승리하였지만, 여전히 고집을 부리는 교육청과 힘겨운 싸움을 계속하는 중이다. 다만 이 논란이 오가는 가운데 어느 급진적인 페미니스트 단체에서 발표한 성명서 하나가 50대 남자 교사가 페미니즘에 관해 이야기할 때 처할 수 있는 위험을 상징적으로 보여 주기 때문에 따로 인용하고자 한다.

> 제목: 성평등 교육을 말하며 스쿨미투 피해 학생들의 목소리를 지우지 마라.
> 최근 광주의 모 중학교에서 한 도덕 교사(50대, 남: 이 부분을 특별히 강조하고 있다. 50대와 남자)가 진행한 '성윤리 단원 수업'이 논란을 일으켰다. (중략) 교사의 의도가 옳았다고 하더라도, 성평등 교육을 위한 공인된 자료라고 하더라도, 우리는 학교 내 젠더 권력에 대한 이해와 성인지 감수성이 결여된 교사의 교육을 성평등 교육이라 인정할 수 없다. (후략)

이 성명서의 특징은 '해당 교사의 선의를 인정하고, 사용한 자료의 정당성을 인정'하더라도 해당 교사가 학교 내 '젠더 권력에 대한 이해와 성인지 감수성이 결여'되었기 때문에 이를 성평등 교육이라 인정할 수 없다는 것이다.

이 간단한 한 문단에서 수많은 문제가 쏟아져 나온다.

1. 학교 내 젠더 권력에 대한 이해는 무엇을 의미하는가?

교사와 학생 간의 비대칭적인 권력관계는 충분히 염두에 둘 수 있다. 하지만 그것을 굳이 젠더 권력이라고 단정하는 이유는 무엇일까? 권위적인 교사와 학생 간의 비대칭성보다 남성과 여성의 비대칭성이 이 관계에서 더 근본적이라는 뜻인가? 정말 학교가 젠더 권력이 구조적으로 깔린 공간이란 말인가? 오히려 우리나라 학교의 젠더 권력은 사회가 학교, 교사 자체를 여성으로 보면서 교육부, 교육청이 학교를 가부장적으로 지배하는 데서 비롯되는 것이지 학교 안에서 작용하는 것은 아니지 않을까? 적어도 단언할 수는 없는 일 아닐까?

2. 그렇다면 대체 성인지 감수성이 무엇이고, 젠더 권력에 대한 이해는 무엇일까? 그리고 "충분하지 않다" 정도로 쓰는 것이 아니라 아예 "결여되었다"라고 쓰는 근거는 무엇일까?

명시적으로 말하지는 않았지만 '남자라서'라는 전제가 깔려 있다. 남자는 성인지 감수성이 없으니 성평등 교육을 할 수 없으며, 설사 하더라도 성평등 교육이라 할 수 없다는 식의.

물론 우리나라 평균적인 남성의 성인지 감수성에 문제가 있다는 것은 틀림없다. 하지만 그들을 비난할 수 없다. 제대로 배워본 적이 없기 때문이다. 교육은 앎만으로는 이루어지지 않는다. 알았으면 느껴야 하고, 느꼈으면 실천해야 한다. 그리고 그 실천은 억지로 하는 것이 아니라 몸에 배어 저절로 되는, 그래서 그렇게 실천하는 것이 오히려 편안하게 느껴지는 수준에서 해야 한다.

즉 어릴 때 가르치고 지속해서 훈련하고 수양하는 과정을 거쳐야한다.

즉 50대 남자 교사의 페미니즘 교육의 번지수는 바로 남학생을 향해야 한다. 광주의 그 선생님의 경우는 번데기(여학생) 앞에서 주름잡았던 것이 문제였다. 지금 우리에게 필요한 페미니즘 교육은, 특히 남자 교사가 짊어져야 할 페미니즘 교육은 여자들에게 "깨어나라" 하고 외치는 것이 아니라 남자들에게 "좀 들어라" 하고 외치는 것이 되어야 한다.

왜 남학생들에게 그런 교육이 필요한가? 세상의 반이 여자인 것과 마찬가지로 세상의 반이 남자이기 때문이다. 지금까지 페미니즘 교육은 주로 여성을 대상으로 이루어졌다. 여자가 여자에게 하는 교육처럼 여겨지기도 했다. 때로 여자가 남자에게 하기도 했지만 그 과정에서 빚어지는 저항감이나 반발을 효과적으로 다루기가 쉽지 않았다.

그래서 남자에게 실망한 페미니스트 중에는 페미니즘에 우호적인 남성마저 '남페미'라는 경멸적인 용어와 함께 배제하고 오직여성만의 힘으로 문제를 해결하자는 급진주의자로 변신하는 예도많았다. 하지만 이렇게 해서는 문제 해결을 실제로 할 수 없다. 그렇게 여성들이 각성하고 단결해서 어떻게 한다는 것일까? 그 힘으로 남성들에 맞서 싸울까?

성차별은 제도적이고 구조적일 뿐 아니라 매우 일상적인 문제기도 하다. 그리고 일상적인 삶의 공간에서 발생하는 이 문제는여성의 각성과 단결만을 통해 해결할 수 없다. 페미니즘이 목표하는 바를 이루려면 남성을 바꾸어야 한다. 그리고 남성에게 바뀌어야 하는 이유를 도덕적 당위가 아니라 이익과 유인의 관점에서 제시할 수 있어야 한다.

그 역할을 담당하기에 가장 적절한 위치에 있는 사람이 바로 50대 남자 교사다. 바꾸기 가장 어려운 집단이기 때문이다. 바뀌기 가장 어려운 집단에서 나온 소수의 개종자는 다른 좀 더 유연한 세대를 훨씬 쉽게 설득할 수 있을 것이다.

마침 정부는 여성가족부를 폐지한다고 한다. 여권, 야권 가리지 않고 거대한 백래시의 물결이 몰아치고 있다. 이 긴요한 순간 이런 책을 내어 작은 뗏목의 역할이라도 하게 되길 바랄 뿐이다.

차례

■

공산주의보다 더한 유령

- 페미니즘

공산주의에서 페미니즘으로

한때 세계를 뒤흔들었던 소책자 〈공산당 선언〉은 다음과 같은 유명한 문장으로 시작한다.

> 하나의 유령이 유럽을 배회하고 있다. 공산주의라는 유령이. 옛 유럽의 모든 세력이, 교황과 차르, 메테르니히와 기조, 프랑스의 급진파와 독일의 비밀경찰이, 이 유령을 사냥하려고 신성동맹을 맺었다.

그런데 이 유령Geist이라는 단어는 우리가 흔히 생각하는 음산한 귀신, 혼령 같은 것을 뜻하는 말이 아니다. 육체와 정신의 이원론적 세계관에 기반한 서양 전통 사상에서 유령이란 장차 적당한 육체만 찾아내면 거기에 임하여 현실적인 힘이 될 수 있는 사상, 정신 같은 것을 의미한다. 그리고 마르크스는 다름 아닌 프롤레타리아 계급이 공산주의라는 유령차라리 영혼이라고 부르는 게 더 타당해 보인다.의 육체임을 선언했다.

하지만 21세기 들어 공산주의는 문자 그대로 '유령' 혹은 유령처럼 떠오르는 희미한 기억으로 전락하고 말았다. 앞으로도 공산주의가 육체를 얻어 현실화할 가능성은 거의 없다. 그렇다고 이 시대의 유령이 없을까? 1990년대만 해도 더 이상 유령은 없다고 믿었다. 프랜시스 후쿠야마는 '역사의 종말'을 선언했고, 좌파 학자들조차 '대안 없는 자본주의'라는 말을 했다.

그러나 21세기 들어 새로운 유령들이 쏟아져 나와 빙의할 육체를 찾아 배회하고 있다. 민족주의라는 오래된 유령이 다시 관 뚜껑의 못을 뽑고 튀어나왔다. 포퓰리즘이라는 유령이 반지성주의와 혐오를 무기 삼아 단숨에 엄청나게 많은 육체를 획득했다. 하지만 이런 유령들은 퇴행적이고 파괴적이기만 할 뿐, 새로운 시대 정신의 자리를 차지할 자격이 없다. 이들은 1930~40년대를 휩쓸었던 파시즘과 같은 타락한 유령들이다.

이것들뿐일까? 아니다. 19세기 공산주의에 필적할만한 강력한 유령이 세계를 배회하고 있다. 그것은 바로 '페미니즘'이라는 유령이다. 1920년대와 60년대에 한때 세상을 떠들썩하게 했던 이 유령은 공교롭게도 한 번은 세계 대공황과 세계대전으로 이어지는 재앙에 묻혀, 그리고 또 한 번은 이른바 68혁명*의 소란 통에 밀려나면서 육체를 찾아 정착하지 못했다.

하지만 이 유령은 소멸하지 않았다. 다만 보이지 않는 곳에서 점점 힘을 키우고 있었을 뿐이다. 이 유령이 힘을 키우고 있는 것을 다른 유령들이 알지 못한 까닭은 오랜 세월 동안 학습된 이들에 대한 평가절하와 무시 덕분이었다. 역사적으로 세계를 배회한 여러 유령은 하나같이 남자의 육체를 원했다. 아니 그 유령 자체가 남성이었다. 그래서 사람들은 페미니즘이라는 유령이 의미 있는 실체를 이룰 가능성에 대해 진지하게 고려하지 않았다.

"여자들이 뭘 알겠어? 여자들이 뭘 할 수 있겠어?"

---

* 1968년 프랑스에서 학생과 노동자가 일으킨 사회변혁 운동. 권위주의와 보수체제 등 기존의 사회질서에 강력하게 항거했고, 남녀평등, 여성해방, 학교와 직장에서의 평등, 미국의 반전, 히피 운동 등 사회 전반의 문제로 확대되었다.

그들은 여자들을 보지 않았고, 여자들의 말을 듣지 않았고, 여자들에게 묻지 않았다. 마치 세상의 반이 존재하지 않는 양 무시했다. 그러는 동안 페미니즘이라는 유령은 점점 많은 육체를 획득하여 의미 있는 실체로 성장하였다. 마침내 이들이 마치 '공산당 선언'처럼 자신의 위력적인 실체를 드러낸 계기는 미국에서 시작되어 우리나라도 2017년부터 본격적으로 터져 나온 미투#Me_Too의 물결이다.

정말 '페미니즘'이 그토록 중요한 변화의 계기일까 의심하는 사람도 있을 것이다. 2017년 이전만 해도 고위 공직자가 기껏 여자에게 가벼운(?) 성희롱이나 성추행단적으로 말하면 법적으로 성폭행으로 분류되지 않는 성폭력들만으로 직에서 물러나는 경우는 거의 없었다. 도리어 대통령이 되기도 하고, 국회의장이 되기도 했다. 심지어 일종의 '풍류'로 취급되기까지 했다. 이른바 민주진보 성향은 당시 집권당이던 보수적인 새누리당을 '성누리당'이라고 부르며 조롱하기는 했지만, 어디까지나 평판에 흠을 내는 정도였다.

진보 진영의 성인지 수준도 처참하긴 마찬가지였다. 2008년, 도주 중이던 민주노총 위원장에게 은신처를 제공했던 전교조 소속 20대 여교사에게 민주노총 간부가 성폭력을 저지른 사건이 있었다. 당시 전교조와 민주노총은 피해자를 돕기는커녕 피해자가 신고하지 못하도록 압박하고 감시했으며, 피해자에게 신고를 포기하도록 종용하는 2차 가해까지 저질렀다.

이 사건은 직접적인 가해자만 징역 3년이라는 처벌을 받고 끝났다. 2차 가해자들은 이후 아무 문제 없이 잘 살았다. 그들 중에는 국회의원도 나왔고, 진보교육감 라인을 타고 공모제 교장도 나왔다. 누릴 것 다 누리며 잘 살았으며, 오직 피해자만 어려운 시간을 보내야 했다. 민주노총도 전교조도 아직 피해자에게 공식적인 사과를 하지 않았다.

그래도 이 사건이 헛되이 지나간 것은 아니었다. 그 이후 '2차 가해'라는 말이 세상의 관심을 받게 되었다. 그리고 거의 10년 뒤인 2017년, 미투운동이 본격화된 이후 성폭력 가해자는 물론 가해자를 옹호하거나, 피해자를 압박하거나 피해 사실을 '가벼운' 것으로 치부하는 언행을 모두 '2차 가해'로 간주하여 엄한 질책을 받게 되었다.

그리고 유령은 서서히 힘을 얻고 하나의 실체가 되었다. 차기 대통령으로 확실시되던 정치인이 성폭력으로 징역을 살고, 제2도시의 시장이 성폭력으로 사퇴하고, 대통령 다음으로 강한 권력을 가지고 있다는 서울시장이 성폭력 수사가 시작되기 직전 스스로 목숨까지 끊었다. 한국 연극계의 쌍벽을 이루다시피 하던 극작가 겸 연출가들이 나란히 미투로 추락했다. 노벨 문학상 후보에까지 올랐던 원로 시인도 추락했다.

우리나라뿐 아니다. 세계 곳곳에서 성폭력, 성희롱으로 인해 수십 년간 쌓아 온 경력을 물거품으로 만드는 유명 인사가 줄을 이었다. 미국의 유명한 뉴스 진행자, 오페라의 제왕이나 다름없었던 지휘자와 성악가, 뉴욕 검찰총장, 상원의원, 할리우드의 유명한 영화 제작자가 미투 한 방에 수십 년의 경력을 먼지로 만들었다. 아카데미상 수상에 빛나는 명배우도 제작 중이던 영화에서 통편

집되는 수모를 겪었다. 2017년에서 2018년 사이 미국에서만 200명 이상의 유명 인사가 미투로 거의 완전하게 몰락했다.

미투의 범위도 점점 넓어졌다. 10년 전만 해도 강간을 의미하는 성폭행과 그 미수범, 그리고 여성 신체의 민감한 부위에 대한 접촉을 의미하는 강제 추행 정도라야 형사적으로 의미 있는 성폭력으로 인정했다. 심지어 "충분히 거부하고 저항했느냐?", "성폭력을 당한 다음 마음의 상처와 충격을 받았느냐?"는 이른바 "피해자다움"까지 요구했다. 피해자가 외향적이거나 발랄한 성격이라거나 외모가 빼어나거나 하면 '꽃뱀'이라는 수군거림의 대상이 되어야 했다. 그런 편견이 재판에 반영되기조차 했다. "남자는 원래 성적인 폭탄이나 다름없으니 여자가 충분히 조심했어야 하는 것 아니냐?"는 논리가 난무했다. 웬만한 말과 행동이 "장난삼아서", "친근감을 표현하기 위한" 것으로 치부되어 죄가 아닌 것이 되었다. 하지만 이제는 그런 말과 행동도 피해 여성과의 사회적인 지위 관계에 따라, 즉 위력의 유무에 따라 성희롱이라는 성폭력의 일종으로 간주되고 있다.

이는 일상을 바꾸었다. 각종 회식 자리에서 남자 상사 옆자리에 신입 여자 직원을 앉혀 술을 따르게 하거나, 거래처 접대할 때 젊은 여자 직원들을 징발하는 일이 아무렇지 않게 일어나던 것이 불과 몇 년 전이었음을 생각해 보면, 몇 년 사이의 변화가 실감 날 것이다. 이제는 적어도 공공 부문에서는 어지간히 간이 큰 상사가 아닌 다음에는 이런 일에 손사래를 치며, 그렇지 않더라도 적어도 문제 제기는 할 수 있는 분위기다.

이런 변화가 어떻게 일어난 것일까? 갑자기 남자들이 성폭력에 대해 감수성이 민감해져서? 여자도 같은 사람으로 존중하기로 갑자기 마음을 바꾸어 먹어서? 아니다. 그 배경에는 힘이 있다. 페미니즘이라는 유령이 충분히 목소리를 낼 수 있는 실체를 획득한 것이다. 그래서 문제의식을 느끼고 있었지만 남성 내부의 집단 압력 때문에 외면했던 남성들도 과거보다 쉽게 피해자 편에 설 수 있게 되었다. 마치 공산주의가 노동계급 속에서 육체를 확보한 다음에야 온정적이고 양심적인 부르주아가 목소리를 낼 수 있는 공간이 만들어진 것과 같다.

　　그러나 공산주의라는 유령에 대한 부르주아의 첫 반응이 온정과 양심이 아니라 사냥과 신성동맹이었듯이, 페미니즘이라는 유령에 대한 남성들의 반응도 사냥과 신성동맹이 먼저다. 물론 그동안 무심코 말하고 행해 왔던 것이 폭력이었음을, 일상 구석구석에 여성에 대한 차별과 혐오가 깔려 있었음을 깨닫는 남성도 있지만, 그들 역시 처음에는 당황, 억울함, 분노 등의 반응을 극복한 다음에야 거기에 이르렀다.

　　안희정, 박원순 사건에서 이른바 진보 성향 남성들의 반응을 보자. 그들은 쉽사리 지지를 거둬들이지 않았으며, 2차 가해도 서슴지 않았고, 심지어 이 기회에 안희정의 복권까지 꾀했다. 지지를 거둬들인 남성 중 상당수도 '성폭력'이 아니라 '자기관리 부족'을 이유로 들었다. "큰일 할 사람이면 조심했어야지."라는 식으로. 지금은 진보니 보수니, 빨갱이니 토착왜구니 하며 서로 싸우지만, 조만간 그들은 자기들의 공통성을 깨닫고 하나로 뭉치기 시작할 것이다. '싸나이'로서.

그러니 저 〈공산당 선언〉의 첫 문장은 마땅히 다음과 같이 바뀌어야 한다.

하나의 유령이 한국을 배회하고 있다. 페미니즘이라는 유령이. 한국의 모든 세력이, 조중동과 한경오, 국민의힘과 민주당, 친윤과 친명, 반공주의와 반일주의, 촛불과 태극기가 이 유령을 사냥하려고 신성동맹을 맺었다.

마르크스는 공산주의라는 유령이 어디에서 발생했으며, 어디에서 그 실체를 획득할 것인가를 탐구했다. 나 역시 사회를 가르치는 교사이기에 저 유령이 어디에서 실체를 획득하고 어떻게 현실적인 힘이 되어 가는지가 궁금하다. 하지만 사회학자로서 '나의 존재가 규정하는 나의 의식'의 한계를 겸허하게 인정한다. 더구나 그 존재가 피해자, 피지배자가 아니라 수혜자, 지배자의 위치라면 더욱 그 한계가 분명하다는 것을 기꺼이 인정한다. 따라서 나의 탐구와 의식은 실제 그 자리에서 일상을 경험하는 존재들에 미칠 수 없다. 그런데도 세상의 절반에 대한 외면은 세상에 대한 외면이기에 어려운 여로의 발걸음을 옮길 수밖에 없다.

입에 담기 어려운 말 '페미니즘'
그런데 유령이 정당한 육체를 얻어 실체가 되었음에도 여전히

'페미니즘'이라는 말은 우리나라에서 입에 담기 위험한 말이다. 물론 1970~80년대 '공산주의'를 입에 담았을 때처럼 즉각적이고 강렬한 공권력의 탄압을 받지는 않는다. 하지만 비공식적인 문화적, 사회적 불이익은 여전히 강하다.

미투운동이 본격화되기 전만 해도, 민주진보 성향의 유력한 차기 대통령 후보가 몰락하기 전까지만 해도 이 말을 입에 담는 것은 그리 어렵지 않았다. 심지어 유력한 민주진보 성향의 남성 활동가들이나 정치가들도 이 말을 입에 담았다. 가령 서지현 검사가 '미투'를 처음 시도했을 때는 우리나라에 남성 페미니스트가 이렇게 많았나 싶은 정도로 응원하는 '진보적인 남성'이 많았다.

그렇다면 우리나라 민주진보 운동권은 정말 그토록 여성문제에 관심이 많고, 성평등을 중요하게 생각하고 있었을까? 그렇지 않다. 우리나라 운동권은 일단 세상을 수구와 진보로 나누며, 일단 진보의 범주로 여기는 모든 운동에 대해 '우리 편', '우리 진영'이라는 딱지를 붙인다. 그리하여 노동운동, 교육운동, 통일운동, 생태운동 등과 더불어 페미니즘도 하나의 울타리에 집어넣어 "진보라면 당연히 지지해야 하는" 것 중 하나로 삼았을 뿐이다.

하지만 그 의미를 이해하고, 거기에 따라 생활하고 실천하지는 않았다. 우리나라에서 민주진보 운동의 중심은 노동운동이나 통일운동이었고, 교육운동, 생태운동, 여성운동은 이 중심 운동에 도움이 되는 한, 즉 반대 진영에 타격이 되는 범위 안에서만 정당성을 인정받았을 뿐이다. 따라서 이들이 말하는 페미니즘은 수구 보수 진영의 남성을 공격하는 한도 내에서만 페미니즘이었다. 만약 페미니즘이 민주진보 성향의 남성을 공격한다면 그때는 일종의 이적 행위로 간주하거나, 좀 더 중요한 투쟁을 위해 양보를 강요받았다. 민주진보 운동권에서 페미니즘을 지지한다는 말은 이 선을 넘지 않는 한 용인하겠다는 뜻이지, 성평등을 위해 적극적으로 어젠다를 설정하고 세상을 달리 보고 바꾸어 나가겠다는 뜻이 아니다.

아나나 다를까, 막상 미투의 물결이 진보와 보수를 가리지 않고 사회 모든 영역에서 남자들을 뒤흔들자 그들의 태도가 바뀌었다. 이제는 민주진보 성향에서도 '페미니즘'이라는 말을 입에 담는 남자가 현저하게 줄어들었다. 그들은 성의 차이에 따른 근거 없는 편견과 차별에 반대한다는 보편적인 의미를 담고 있는 페미니즘이라는 말을 남성을 적대시하고 혐오하는 편협하고 극렬한 여성주의 일파를 지칭하는 용어로 축소했다. 성평등 운동과 페미니즘을 분리한 것이다. 여기에 더해 '꼴페미'라는 혐오 표현이 만들어지고, '남성혐오남혐'라는 말까지 등장하면서 페미니즘=남혐이라는 공식까지 암암리에 유통되었다. 처음에는 꼴페미라는 말을 쓰더니, 나중에는 그냥 페미라는 말만으로 남혐이라는 의미를 담게 되었다.

이런 부정적 덧칠하기는 백래시의 전형적인 수법이며, 이미 상당히 먹혀들었다. 당장 한국 남성들에게 "페미니스트의 이미지를 그리거나 떠올려 보라."고 요구해 보라. 아마 상당수가 매우 왜곡되고 편협한 이미지를 그릴 것이다. 안타깝게도 현재 우리나라는 "당신은 페미니스트입니까?"라는 질문에 "그렇습니다."라고 대답하기 매우 곤란한 사회가 되었다.

■

페미니즘이라니!
– 진영을 가리지 않고 분노하는 남자들

진보 성향의 남성이 빠지는 함정, 맨스플레인

보수적인 남성, 가부장적인 남성은 그렇다 치자. 그런데 페미니즘에 우호적이거나 적어도 이해는 할 것으로 기대하던 진보적 성향의 남성들이 '페미니즘'을 대하는 태도가 달라졌다. 전에는 스스로 페미니즘에 우호적이라거나 자신도 페미니스트라고 말하곤 했던 진보 성향, 운동권 출신 남성들이 이 말 하기를 주저하거나 심지어 반발하기도 한다.

그 이유는 무엇일까? 그들은 자신들이 페미니즘 자체를 부정하지는 않는다고 주장한다. 다만 페미니즘 운동가들이 문제라면서 맨스플레인*을 할 뿐이다. 그중 몇 개를 소개하면 이렇다.

① 우리는 평소에 여성을 부당하게 대하거나 편견으로 대하지 않았고, 성폭력, 성희롱이라 불릴 만한 음침한 말과 행동을 하지도 않았다. 세상에는 그런 남자도 많은데, 왜 이런 점을 고려해 주지 않는가? 왜 남자 중에서 당신들 편을 찾을 생각하지 않고, 남자 자체를 무조건 잠재적인 가해자로 보는가? 이건 또 다른 혐오 아닌가? 남혐?

그런데 놀랍게도 이미 200년 전에도 이와 비슷한 논리로 투덜거린 사람들이 있었다. 다름 아닌 영국 자본가들이다. 그 당시 영국 자본가들이 마르크스주의의 확산에 놀라기도 하고, 분노하면

---

* mansplain, 남자는 여자에게 가르쳐 주고 설명해 주어야 한다는 사고방식과 그 행동

서 외쳤던 말이 바로 저 논리를 따라간다.

"물론 스크루지 같은 악덕 고용주도 있을 수 있다. 하지만 모든 기업가를 그렇게 비인간적이고 탐욕에 가득 찬 사람으로 나쁘게만 보는 건 부당하다."

하지만 그들의 항변은 번지수가 틀렸다. 마르크스는 자본가 개개인에 대해서는 어떤 악감정도 유감도 없었다. 자본가 중에 관대하고 선량한 사람이 있을 수 있다는 것, 아니 상당히 많이 있을 수도 있다는 것 역시 기꺼이 인정했다. 마르크스가 비판한 것은 자본, 그리고 그 자본의 운동, 즉 자본주의다. 자본의 운동은 개별 자본가를 넘어선다. 그 어떤 자본가도, 가령 빌 게이츠나 스티브 잡스 같은 사람이라 할지라도 자본주의, 혹은 순화된 용어인 시장경제의 원리를 넘어서는 플레이어가 될 수는 없다. 그리고 그 체제 안에서 충실히 자기 역할을 수행하는 한, 개별 자본가의 특성은 거의 추상되어 버리고, 결국 그는 다른 자본가들과 마찬가지로 탐욕적이고 비인간적인 사람이 될 수밖에 없다.

이는 마치 중국의 삼국 시대, 일본 전국 시대 무장들이 타고난 살인마가 아닌 것과 마찬가지다. 그들의 처지가 자기 가치와 역할에 충실하면 충실할수록 더 많은 사람의 목을 벨 수밖에 없게 만들었다. 가령 고니시 유키나가*는 크리스트교 신자이며 애초에 임진왜란을 반대했지만, "네가 전쟁을 반대하는 것은 겁을 먹어서냐?"라는 비난에 분격하여 참전은 물론 선봉을 자처하여 부산포

---

* 천주교 신자인 일본의 무장. 도요토미 히데요시의 가신으로 임진왜란 당시 선봉에 섰다.

와 동래성을 함락시키고, 탄금대에서 신립 장군과 조선군을 전멸시키면서 무수히 많은 인명을 살상했다. 만약 고니시 유키나가가 "나는 평화주의자이며 전쟁의 피해를 줄이려고 애썼지만 어쩔 수 없었다. 적어도 가토 기요마사, 시마즈 요시히로처럼 살상을 즐기지 않았다. 어떻게 그런 살인마들과 나를 같은 취급을 하느냐?"라고 항변한다면 이걸 받아들일 수 있을까?

만약 정말 양심적이고 인류애 가득한 자본가라면 자본주의에 대한 날카로운 비판에 대해 왜 싸잡아 비판하느냐 따위의 반응을 하지는 않을 것이다. 진정 평화를 사랑하는 사무라이라면 침략 전쟁을 비판하는 무리에게 왜 나까지 싸잡느냐는 따위의 반응을 보이지 않을 것이다. 오히려 사죄할 것이며, 마음은 그러하나 체제에 매여 어쩔 수 없는 자신의 처지를 이해해 달라며 허리를 숙일 것이다.

지금 나름 진보적이며 페미니즘에 우호적이라고 스스로 생각하는 남자가 취해야 할 태도가 바로 이것이다. 어떤 면에서 이 문제에 관한 한 남성으로 태어난 순간, 그리고 그렇게 자라난 순간 일종의 원죄를 뒤집어쓰고 있는 것이나 다름없다. 이때 원죄란 죄악을 의미하는 것이 아니라 존재론적인 한계로 인해 인식의 폭이 제한되는 것을 말한다. 그 한계를 기꺼이 인정하는 것이 진보다.

진보적인 맨스플레인의 또 다른 버전이 있다.

② 우리 역시 페미니즘에 동조하며, 여성들이 정당한 권리를 누리는 세상이 오기를 바란다. 하지만 손뼉도 마주쳐야 소

리가 나는 법인데, 그런 세상은 여자들만의 단결로 이루어지지 않는다. 남자 중에서 페미니즘에 호의적인 세력을 자꾸 늘려가면서 힘을 키우고 연대를 확대해야 한다. 그런데 이렇게 남성에 대한 적대감과 반감, 심지어 혐오를 내세우면 오히려 친구가 될 남성까지 적으로 돌린다. 이러면 투쟁이 승리할 가능성이 점점 줄어든다. 페미니즘은 성차별 없는 평등한 세상을 만들자는 것이지, 남성을 공격하고 배제하자는 것이 아니지 않는가?

그들은 이렇게 점잖게 가르쳐 준다. 무척 듣기 좋다. 그런데 한 가지 궁금한 점이 있다. 이렇게 점잖은 말을 하는 '민주진보' 진영의 남자들이 같은 논리를 재벌, 검찰, 언론, 그리고 일본에 대해서는 왜 들이대지 않을까? 그들은 집권 기간 내내 '적폐 몰이'에 몰두하면서 자기들의 개혁이 아니면 모두 적폐라고 몰아세웠다. 애국이 아니면 토착왜구, 우리 편과 다른 말을 하면 기레기 등등의 극단적인 주장을 하면서, 상대방을 설득할 필요성, 타협하고 이해시켜야 할 필요성을 전혀 인정하지 않았다. 그런 그들에게 검찰 혐오, 재벌 혐오, 친일파 혐오, 언론 혐오라고 부르면 동의할까? 그런데 왜 유독 여성은 꼭 남성을 설득하고 끌어들여야만 자기들의 해방을 이룰 수 있다고 주장하는가?

오해하지 말자. 나는 여기서 "2500만 여성 총단결로 남성 지배 박살 내자." 이런 주장을 하는 게 아니다. 다만 논리적 일관성에 문제를 제기하는 것이다.

그동안 우리나라의 이른바 민주진보 진영은 반대 진영과 적절히 타협해 세상을 조금씩 개선하는 것을 '개량주의'라 부르며 경멸해 왔다. 자기들은 그토록 경멸하는 짓을 여자들한테는 합리적인 방법이라며 그렇게 하라고 한다. 이 말은 마치 다양한 "오빠가 ~" 시리즈처럼 들린다.

"차별받고 억압받아서 힘들지? 오빠가 해방시켜 줄게."

내가 여자 입장이라도 이 말에 대한 대답은 하나밖에 없을 것 같다.

"됐거든요?"

도대체 왜 여성이 해방되기 위해 남성의 지도를 받아야 하는가? 자본가의 지도와 조언을 받아 가며 노동해방을 꾀하는 노동운동을 상상할 수 있는가? 노동운동이 이래야겠느냐며 노동운동을 품평하는 자본가를 상상할 수 있는가?

미러링을 곡해하는 남성

지지하는 척 맨스플레인 하는 것보다 차라리 왈칵 화내는 쪽이 더 솔직할지 모르겠다. 진보 성향이 페미니즘에 언제 화를 냈냐며 항변한다면 실제 사례를 들어 보자.

'정의당'은 나름 진보정당이라 불린다. 물론 '정의당'이 무슨 진보냐며 따지고 들 사람이 적지 않다는 정도는 알고 있다. 하지만 진보의 범위를 그렇게 좁히기 시작하면 그야말로 한 줌도 되지 않는 순정파 사회주의자 혹은 그야말로 '종북 세력'만 남는다.

그러니 진보 성향의 폭을 좀 넓게 잡아 보자. 물론 정의당은 유럽 사민당, 노동당은 물론 미국 민주당보다도 진보적이지 않지만, 어쨌든 현재 정의당이 우리나라 원내 정당 중 가장 진보적인 정당이라는 것만큼은 누구도 부정할 수 없을 것이다.

그런데 정의당은 두 차례 엄청난 탈당 러시로 흔들렸었다. 어떤 경우였을까? 아무래도 진보 정당이니 노동법 개악을 막지 못했다거나, 차별금지법을 적극적으로 추진하지 않았다거나, 자본가의 이익을 대변하는 입법에 동조해 노동조합이나 실망한 지지층이 대거 이탈한 것 아니었을까 생각하기 쉽다.

하지만 아니다. 두 번 모두 페미니즘 관련 이슈 때문이었다. 진보정당답게 페미니즘 관련 이슈가 발생했을 때 당 지도부가 여전히 가부장적 포지션을 버리지 못해 성난 당원들이 탈당한 것이면 다행이겠지만 놀랍게도 두 번 다 그 반대 경우였다. 당 지도부 혹은 소속 의원 중 누군가가 페미니즘적 관점에서 정당한 의견을 말하고 입장을 드러냈을 뿐이었는데, 성난 남성 당원이 "우리는 진보정당을 지지한 것이지 페미 정당을 지지한 것이 아니"라며 줄줄이 탈당한 것이다.

첫 번째 탈당 러시는 2016년에 일어났다.

사건은 2016년 7월 18일 게임 '클로저스'의 티나라는 캐릭터 목소리를 담당한 성우가 트위터에 올린 사진 한 장에서 시작한다. 이 티셔츠가 이른바 미러링이라는 기법으로 남성들에게 상당히 공격적인 모습을 보여 주었던 급진 페미니즘 커뮤니티인 메갈리아

메갈리아가 페미니즘이냐 여부는 논란의 여지가 있지만 어쨌든 진보 성향의 분류와

32

마찬가지로 이 역시 좀 넓게 잡아 보자**와 관련 있는 텀블벅 후원 사은품**
이었기 때문이다.

어떻게 이런 걸 다 찾아냈는지 모르겠지만, 대표적인 남초 인
터넷 커뮤니티인 클리앙, 나무위키, 엠엘비, 디시인사이드 등에서
난리가 났다. 성우 개인 트위터에 악플이나 항의 글이 달렸다.

세임 성우의 SNS

성우 역시 다른 여성 연예인들처럼 "물의를 일으켜 죄송합니다." 하고 수그리지 않았다. 대신 "메갈리아 활동을 하는 것은 아니지만, 그곳을 알고 있고, 여러 페미니즘 운동 중 한 방향이라고 생각한다. 뭐가 문제냐?"라는 식으로 대응했다.

파문은 상상 이상으로 거셌다. 해당 게임 게시판이 출시 이틀을 앞두고 난리가 났다. 성우는 "메갈녀" 딱지를 받았고, 이 딱지는 일파만파로 퍼져나갔다.

'메갈녀가 성우로 참가한 게임을 플레이할 수 없다. 당장 내려라.'라는 식의 항의 글이 줄을 잇더니, 마침내 불매 운동까지 일어났다. 문제는 이런 종류의 게임 이용자 대부분이 남성이기 때문에 게임 회사가 이들을 무시하기 어렵다는 것이다.

게임사의 대처는 재빨랐다. 반나절 만에 성우와의 계약 해지를 발표했다. 해당 캐릭터의 음성은 다른 성우의 목소리로 대체되었다. 성우는 그 게임뿐 아니라 제작 예정이던 다른 게임사와의 계약마저 해지되는 불이익을 당했다.

메갈리아가 어떤 커뮤니티기에 회원도 아닌, 그 단체와 관련된 티셔츠 입은 사진 하나 올린 것만으로 이렇게 일자리를 잃어버리고, 경력을 망칠 정도의 타격을 입어야 할까?

메갈리아는 미러링을 표방한다. 미러링은 평소 남자들이 여자들에게 하는 말을 고스란히 반사함으로써 그동안 여성이 어떤 고통 속에 살았는지 제대로 느끼게 해 주겠다는 것이다. 미러링을 체험한 남자들은 굉장한 불쾌감과 거부감을 느끼는데, 그때 여자들이 말한다. "기분 나쁘지? 이게 우리가 일상적으로 듣고 사는 말이다." 미러링은 이렇게 함으로써 남성들의 성인지적 각성을 끌어내는 페미니즘 운동 전술 중 하나다.

가장 유명한 미러링으로 게르트 브란텐베르크의 소설 《이갈리아의 딸들》히스테리아 옮김, 황금가지, 1996이 있다. 연극으로도 만들어진 이 소설은 여성들이 사회의 모든 영역을 장악하고 일종의 가모장제(?)적 질서에서 남성에 대해 일상적으로 폄하하고 억압하는 가상의 나라 '이갈리아'를 무대로 한다. 작가는 이 소설을 읽는 남성들이 여기서 '남자'라는 단어를 '여자'로 바꾸기만 하면 가상의 나라가 아니라 바로 현실의 세계임을 깨닫고 조금이라도 생각을 바꾸기를 기대했을 것이다.

물론 이 소설을 끝까지 읽어낸 남성들은 생각을 꽤 많이 바꾼다. 문제는 남자 대다수가 이 소설을 끝까지 읽지 못한다는 것이다. 화를 내면서 책을 집어던지거나 "이 무슨 말도 안 되는 황당한 이야기를"이라며 깎아내린다. 하지만 화를 낸다는 것 자체가 이미 생물학적인 성별의 차이를 근거로 이루어지는 사회적, 문화적 불평등과 억압에 불편함을 느꼈다는 것이기 때문에 변화의 여지를 보여 준 셈이 된다.

메갈리아는 《이갈리아의 딸들》에서 이름을 따왔다. 당시 디시인사이드라는 인터넷 커뮤니티에는 메르스가 유행하던 시절 만들어진 '메르스 갤러리'라는 곳이 있었는데, 어쩌다 이곳이 여초 커뮤니티가 되고, 여기서 '미러링'이라는 이름으로 남성들을 조롱하거나 비난하는 게시 글이 많이 올라왔다. 실제 남성혐오성 게시글이 많이 올라온 것도 사실이다. 가령 메르스 최초 확진자가 남성이라는 이유만으로 더러운 남자들이라는 식의 혐오성 발언을 일삼는 회원들이 있었다.

어쨌든 이 메르스 갤러리 회원들이 디시인사이드를 떠나 미러링 그 자체를 목적으로 만든 커뮤니티가 메갈리아다. 커뮤니티 이름은 메르스+이갈리아의 합성어다. 이들은 상당히 노골적인 남성혐오성 게시물이나 콘텐츠를 미러링이라는 이름으로 올렸다. 여성들에 대한 김치녀, 된장녀 등의 혐오 표현을 된장남, 고추장남 등으로 미러링하고, 아예 한남이라는 말까지 만들어냈다. 이해할 만한 점이 없는 것은 아니었다. 인터넷상에서 만연하던 여성혐오성 표현이 워낙 거칠다 보니, 그것을 그대로 반사한 메갈리아의 남성혐오성 표현 역시 그 수위가 상당히 높을 수밖에 없었다.

그래서 평소 남초 인터넷 커뮤니티에서 일종의 유머랍시고 떠돌던 여성 혐오성 표현들, 가령 외모 평가, 특정 신체 부위 비하, 혹은 특정 신체 부위로 해당 여성을 환원하는 식의 표현 등을 보고 불편함을 느껴왔던 남성이라면, 그 대상을 여성에서 남성으로 바꾼 것에 불과한 메갈리아식 표현을 보고 심한 불쾌감을 느끼거나 하지는 않았다.

물론 그렇다고 찬성하는 것은 아니었다. 이렇게 "내가 기분 나빴으니 너도 기분 나빠 봐라." 하는 방식이 운동 전략으로 효과적일 수 있을까? 그리고 자칫 괴물과 싸우다가 괴물이 되어 버리는 것은 아닐까 하는 의구심을 가질 수는 있지만, 그렇다고 전혀 이해 못할 정도는 아니었다는 것이다.

그런데 엉뚱한 일이 일어났다. 이 메갈리아가 미러링했던 수구

보수 성향의 일베가 아니라 이른바 진보 성향의 인터넷 커뮤니티들이 굉장히 분노하면서 이들과 충돌한 것이다. 이 진보 성향 커뮤니티 남자들의 반응은 매우 다양했지만 대충 다음과 같이 정리할 수 있다.

① 나도 페미니즘에 찬성한다

: 나도 페미니즘을 좀 알며, 나름 페미니스트에게 우호적이다. 하지만 너희의 행동은 올바른 페미니즘이 아니다. 페미니즘이란 인간해방이며, 남성을 배제하는 것이 아니라 남성과 함께 가야 하는 것이다. 페미니즘이란 말이야~.

이런 식의 긴말이 이어졌다. 그 밖에도 이와 비슷한 말들이 많지만 결국 요약하면 "너희에게 페미니즘을 가르쳐 주겠어."라는 일종의 맨스플레인으로 귀결된다. 이들의 말은 자기네는 남성의 기득권과 여성에 대한 혐오가 세상에 드러나게 된 것이 기분 나쁜 것이 아니며, 다만 '올바른 페미니즘 정착을 위하여' 반발하고 있다는 것이다. 하지만 이들은 메갈리아가 사용한 남성 혐오적인 표현들이 그동안 그들 자신을 포함한 남자들 모임에서 대상을 여자로 바꾸어 놓으면 마치 사회의 윤활유처럼, 이른바 '해학'이라는 이름으로 널리 사용되었다는 사실은 쏙 빼놓는다. 심지어 그 '해학'은 여성이 있는 자리에서도 거리낌 없이 사용되었으며, 그 자리에 있는 여성은 그때마다 억지로라도 웃음을 터뜨리거나 아니면 마치 무슨 말인지 못 알아듣겠다는 듯이 순진한 척해야 했다.

이른바 민주진보 성향의 커뮤니티가 이런 모습을 보이는 것이 그리 놀랍지는 않다. 이들이 '민주진보성'을 학습한 1980년대의 이른바 민주화 운동권 서클_{동아리}의 내부 문화가 요즘 기준으로 보면 영락없이 여성 혐오적이었기 때문이다. 서클은 철저히 남자 선배를 중심으로 하는 철저한 '가부장제'로 운영되었다. 80년대 운동권 지하 서클도 그 정점에 올라가면 남자들이 있었다. 해방 투쟁은 남자의 지도로 이루어져야 하는 것이며, 여성 활동가는 그 과정에서 '지나치게 고조되기 쉬운 긴장감이나 갈등을 해소'하면 되었다.

　　까다로운 학습이나 위험한 투쟁 뒤에 이어지는 이른바 '뒤풀이' 장소에는 '해학'이 난무했으며, 여성 활동가를 대상으로 긴장 완화라는 이유로 각종 성희롱을 거리낌 없이 했다. 당시 운동권은 운동가요, 민중가요에 율동 붙이는 것을 좋아했는데_{지금도 민주노총 등에 '몸짓패'라는 이름으로 남아 있다}, 그중 성적이거나 특정 신체 부위를 묘사하는 몸짓을 하면 다 같이 박장대소하면서 투쟁 스트레스를 풀었다. 가령 '광야에서'라는 노래에서 "다시 서는 그날까지"라는 대목에 남성의 발기를 묘사하는 동작을 넣는다거나, '행진'이라는 노래에서 "하는 거야"라는 대목만 목청이 터져라 부른다거나 하는 등의 행위를 여학생이 있는 자리에서 거리낌 없이 했다. 아니 차라리 여학생이 있었기 때문에 그런 행위를 했다고 볼 수도 있다. 민망해하고 난감해하는 사람이 없다면 아무 재미가 없었을 테니까.

　　그 밖에도 세미나, 합숙, 집회, 뒤풀이 등 곳곳에서 지금 생각해 보면 '미투각'이었을 말과 행동이 난무했다. 놀이 벌칙 같은 형태로 말이다. 그런데 그것에 대해 문제의식을 느끼는 경우는 극히 드물었다. 투쟁을 이끄는 남성 활동가나 선배의 권위가 여성 활동가에게 위력으로 작용할 수 있다는 자각은 당연히 없었다. 그 당시 처음 문을 열었던 여학생회 등 여성주의 운동권 역시 여성의 노동권, 모성보호 등에 관심을 기울였지, 이런 일상의 문제, 일상의 억압과 폭력에 대해서는 큰 관심이 없었다.

그렇다고 민주진보 운동권이 특별히 더 여성 혐오적인 것은 아니다. 그래도 다른 남자보다는 조금은 나았을 것이다. 그것이 그 당시 사회의 수준이었고, 그들 역시 남성으로서 그 수준을 벗어나지 못했다는 것이다. 게다가 자기 생각과 행동을 '정의로운 것'으로 포장하는 논리와 화법만 추가되었을 뿐이다.

② 너희는 페미니즘이 아니라 사대주의야

    : 뭐, 김치남, 고추장남, 거기다 한남이라고? 어떻게 한국이라는 말 자체를 혐오적인 의미로 쓰고 있나? 그럼 너희는 다른 나라 남자는 괜찮고, 한국 남자는 나쁘다는 거야?

두 번째 반발은 주로 '한남'이라는 표현을 놓고 분노하는 경우다. 이는 우리나라 민주진보 진영이 민족주의거의 종족주의에 가까울 정도의 성향이 강한 것과 연결된다. 우리나라 운동권의 민족주의는 영국, 미국, 프랑스의 민족주의처럼 '자부심'에 기반한 것이 아니라 '피해자 서사'에 기반한 민족주의다. 따라서 반드시 우리에게 '가해'하는 악역이 필요하다. 어떤 면에서 우리나라의 이른바 진보와 보수는 그 악역을 누구로 삼느냐와 관련해서만 차이가 있는 민족주의의 앞뒷면에 불과하다. 그 악역을 북한, 중국, 러시아로 보면 보수, 미국, 서구, 일본으로 보면 진보.

이들은 '한남'이라는 표현을 여성들이 줏대 없이 미국이나 서구, 한마디로 백인과 비교하여 우리 민족 남자를 비하하는 표현으로 받아들인다. 이들 중에는 자유민주주의조차 서구나 미국에서 온 것이라고 배척하는 정서가 있다. 하물며 여태까지 별문제 없이 하던 행동을 갑자기 성폭력이니, 성희롱이니 하며 범죄로 간주하는 최근의 변화가 마음에 들지 않을 수 있다. 한마디로 저 여자들이 '서양 물'이 든 것이다. 물론 이들은 남초 커뮤니티에서 한동안 유행했던 "가자 우크라이나로, 김태희가 밭을 갈고, 슈퍼모델이 편의점에서 일하는" 등의 게시물에 '좋아요'를 난타했던 행동은 생각하지 않는다.

또 이렇게 핏대 올리는 '진보 한남'들은 '한남'이라는 표현이 문화적이라는 것을 망각한다. 우리나라는 언제나 경제나 기술 관련 지표에서는 당당히 선진국의 위상을 뽐냈지만, 성평등 지표에 관해서는 개발도상국 수준을 면치 못했다. '한국 문화' 자체에 성평등을 저해하는 요소가 있다는 뜻이다. 그리고 남성이 그 불평등의 피해자인 경우는 거의 없으니, 그 책임 역시 '한국 남자' 전체에게 있을 수밖에 없다. 한국 남자 중 나쁜 몇몇 때문이 아니라 훌륭한 남자들이 있어도 어쩔 수 없을 정도로 전체적인 한국 남자의 문화가 문제라는 인식이 필요한 것이다.

게다가 상대편 성별에 구태여 한국이라는 의미를 덧붙여서 혐오와 비하의 대상으로 삼은 것은 여자가 아니라 남자 쪽이 먼저였다. '된장녀'가 '김치남'보다 훨씬 먼저 사용되었고, 김치남, 한남은 다만 된장녀를 뒤집은 것에 불과하다. 된장녀의 의미에는 돈만 밝히고, 사치스럽고 남자를 진심과 덕성이 아니라 단지 재산과 조건만 따져 만나는 '한국 여자'들을 순박하고 남자의 진심을 이해해 주는(?) 어딘지 모르겠지만 하여간 그런 다른 나라 여자들과 비교한 또 다른 '사대주의'가 깔려 있었던 것이다.

페미니즘을 남성혐오로 인식하다
③ 남성혐오는 나쁘다
  : 너희는 페미니즘이 아니라 남성혐오에 불과하다.

가장 격렬한 반응이다. 메갈리아는 미러링을 빌미로 남성혐오를 드러내는 것에 불과하다는 것이다. 일단 진보 성향 남성들은 대체로 ①, ②번이 아니라 바로 이 논리로 메갈리아를 받아들인다. 메갈리아뿐 아니라 소울드레서 같은 30대의 이른바 배운 여자들이 많이 모이는 커뮤니티에서 남성혐오적 표현은 매우 흔한 일이었다. 그중에는 정말 '한남'만 혐오하는 선택적 남혐도 있었다.

이 셋 중 가장 많은 남자가 속한 반응은 어떤 쪽이었을까? 구체적인 통계자료는 없지만 '경험칙상' 어느 정도 길이가 있는 게시글은 ①번이 많았고, 짧은 댓글이나 트윗은 ③번이 많았다. ②번은 겉으로 드러나기보다는 주로 분노의 동력으로 작용했을 가능성이 크다. 어쨌든 메갈리아에 한국 남성은 예상보다 훨씬 거칠게 반응했고, 특히 평소에 적어도 말로는 페미니즘이니 여성의 권리 같은 말에 호의적이었던 진보 성향 남성들의 적대적 반응이 대단했다.

메갈리아의 노선이 옳은가 그른가 따지는 것은 의미 없다. 메갈리아는 명백히 잘못된 길로 갔고, 미러링이 아니라 실제로 혐오를 드러내는 세력이 내부에 등장하면서 상당한 내홍을 겪다 폐쇄되었기 때문이다. 그중 실제 혐오 세력은 워마드라는 남성혐오 사이트를 열었다. 워마드는 페미니즘이냐 아니냐의 논란의 대상도 되지 않는다. 그냥 혐오 단체다. 특히 이들은 남혐뿐 아니라 성 소수자까지 혐오하는 사실상 극우적 집단일 뿐이다.

어쨌든 이후에도 트위터를 통해 많은 논란이 이어졌는데, 특히 주목할 부분은 많은 진보적(!)인 남성이 해당 성우에게 페미니즘(!)에 대해 가르침(!)을 주고자 했다는 것이다. 메갈리아가 어떤 곳인지 아느냐, 페미니즘이란 말이다…, 메갈리아 지도부가 후원금 횡령한다는 거 아느냐 등등. 가르침이 끝없이 이어졌다.

이 시점에서 드디어 정의당이 등장한다. 정의당은 진보정당을 표방한다. 그러니 당연히 노동자나 사회적 약자의 권익을 옹호해야 한다. 당헌, 강령에도 이런 내용이 명시되어 있다. 또 여성은 물론 성 소수자의 권익까지 옹호하는 것을 당의 방침이자 정체성으로 삼는다.

이 관점에서 바라보면 이 사건은 여성의 자기표현에 부당한 압력을 행사한 것이자 노동자를 부당하게 해고한 사건이다. 당연히 정의당이 개입할 사건이고, 옹호해야 할 피해자다. 그리고 정의당은 그렇게 했다. 그런데 그 당연한 일에 이번에는 정의당 당원 게시판에 불이 났다. 여기에 개입한 당직자의 전화에는 문자 폭탄이 쏟아졌다. 정의당이 노동삼권을 제한하는 법률안에 찬성했어도 이 정도로 불이 나지는 않았을 것이다. 진보 정당이 해고 노동자를 옹호하는 논평을 발표하겠다는데, 도대체 뭐가 문제란 말인가? 그런데 뜻밖에도 많은 당원이 이런 식으로 반발했다.

"메갈리아를 옹호하자는 거냐?"

"정의당의 정체성이 뭐냐? 꼴페미 당이냐?"

"정의당은 남성혐오당이냐?"

부당하게 해고당한 노동자를 옹호하는 것은 진보정당의 본분이다. 더군다나 그 노동자가 자신의 어떤 신념 때문에 해고당했다면, 그 신념이 반헌법적이고 반국가적인 것이 아닌 한 따지지 말아야 한다. 다만 부당하게 해고당했다는 것만을 따져야 할 뿐. 해고당한 노동자가 메갈리아 회원이든, 일베 회원이든 전혀 중요하지 않다. 더구나 그 성우는 메갈리아에서 한 다리 건너간 메갈리아 페이스북 후원회, 그것도 단지 그 텀블벅에 참가했을 뿐이다.

물론 정의당은 이런 논리로 대응했다. 우리는 메갈리아가 아니며, 모든 혐오에 반대한다. 그러나 어떤 이유든 부당하게 해고된 노동자를 돕는 것은 진보정당이 마땅히 해야 할 일이다 등등. 하지만 흑백 논리 앞에서는 어떤 반론도 해명도 소용없었다. 그리고 바로 탈당 러시가 이어졌다. 탈당 러시는 당비를 내는 당원의 4분의 1 가까이 빠져나갈 정도로 위협적이었다. 결국 정의당은 발을 뺐다.

이와 비슷한 시기, 진보적인 시사 주간지 《시사IN》 역시 메갈리아에 관해 대체로 객관적인 입장에서 탐사 기사를 냈지만, 메갈리아를 비난하지 않으면 곧 메갈리아나 다름없다는 식의 악플과 더불어 정기구독 해지 사태가 일어났다. 이 역시 회사의 존립이 위태로울 수준이라 백기를 들었다. 정의당 당비 납부 회원이나 《시사IN》 정기구독자의 정치적 성향은 따로 설명이 필요 없을 것이다. 이는 우리나라의 소위 진보 성향의 역린이 노동 문제가 아닌 젠더 문제임을 잘 보여 준다.

정의당의 시련은 이걸로 끝나지 않았다. 4년 뒤인 2020년에 탈당 시즌 2가 일어났다. 다름 아닌 박원순 전 서울시장 조문 사건이다. 수없이 보도된 박원순 전 서울시장의 성폭력 수사와 그에 잇따른 자살에 대해 상세히 언급할 필요는 없을 것이다. 그런데 문제는 박 시장의 장례를 가족장이 아니라 서울시민장으로 치르면서 각계각층의 공개적인 조문이 잇따랐다는 것이다. 안 그래도 피해자에게 사과 한마디 없이 가해자가 자살함으로써 엄청난 심리적 압박을 던진 상황이다. 여기에 사회 곳곳에서 저명인사가 조문을 오고 조화를 바치면 피해자는 아득한 절망감을 느끼게 된다.

바로 이 때문에 정의당의 젊은 여성 의원 장혜영, 류호정 의원이 성폭력 피의자인 박 시장에게 조문 가지 않겠다고 공개적으로 선언했다. 당장 정의당 게시판에 불이 났다. 특히 두 의원 사무실, 휴대전화, 소셜미디어 계정에 차마 옮겨 적기 어려울 정도로 거칠고 공격적인 말 폭탄이 쏟아졌다. 탈당계 제출도 줄을 이었다. 2016년 메갈리아 사건 때보다 분위기가 심각했다. 마침내 심상정 대표가 "유족과 시민의 추모 감정에 상처를 드렸다면 대표로서 진심으로 사과드린다."라고 허리를 숙이고 말았다.

정의당에 분 이 두 차례의 거센 폭풍은 우리나라에서 '페미니즘'을 입에 담거나, 거기에 입각한 말과 행동을 하는 것이 얼마나 위험한지 잘 보여 준다. 그 위험은 수구보수 진영뿐 아니라 이른바 민주진보 진영에서도 쏟아진다. 더구나 민주진보 성향 남성들은 자신들이 '정의의 편'에 서 있음을 믿어 의심치 않기 때문에 더욱더 공격적이고 격렬하게 반응한다. 수구적폐 세력과 싸워야 하는 이 절체절명의 시기에 같은 편 남성을 곤란하게 하는 페미니즘은 결과적으로 수구적폐의 편을 드는 것이나 마찬가지라는 굴절된 논리는 한마디로 요약된다.

"여자들은 입 다물라."

■

존재 자체가 지워진 채 출발한 여성
– 남성은 왜 여성에게 공감하지 못할까?

남성이 페미니스트가 되기 어려운 까닭

페미니즘의 주장 아니 페미니즘을 조금이라도 연상하게 하는 주장에 대한 남성의 반응은 아주 강렬하다. 거의 알레르기 반응에 가까울 정도다. 때로는 '아니, 이게 이렇게까지 할 일인가?'라고 느낄 정도로 과민하다. 우리나라 일반 남성이 드러내는 페미니즘에 대한 반감과 기업가나 부르주아 계층의 사회주의, 공산주의에 대한 반감 중 어느 쪽이 더 강렬할까 비교해 보고 싶어질 정도다.

통계 조사로 검증해 봐야 할 일이겠지만, 일단 겉으로 보기에는 페미니즘 쪽이 훨씬 커 보인다. 실제로 부르주아 계층 출신의 사회주의, 공산주의 활동가, 혁명가들은 이른바 '강남 좌파'라는 이름으로 제법 등장하지만, 전형적인 중산층 남성이 페미니스트 활동가로 나타나는 경우는 이보다 훨씬 드물다. 물론 사회주의, 공산주의 활동가보다 바깥으로 나서지 않았을 가능성도 있다. 하지만 이 역시 부르주아가 사회주의자임을 선언하는 것보다 남성이 페미니스트임을 선언하는 것이 훨씬 어렵다는 심층적이고 끈질긴 반감의 증거일 수 있다. 실제로 남성 페미니스트들은 남성뿐 아니라 여성에게도 '남페미'라며 조롱받거나 배척되는 경우가 많다.

부르주아가 노동자에게 공감하는 것보다 계급을 불문하고 남성이 여성에게 공감하는 것이 더 어려울까? 심지어 다른 계급의 남자끼리는 서로 공감할 수 있어도, 같은 계급의 남자가 여자에게 공감하는 것이 더 어렵다면? 선뜻 이해가 안 갈 수 있다. 하지만 공감의 의미를 조금만 생각해 보면 이게 그렇게 이해하기 어려운 일이 아니다.

공감은 기본적으로 '~되기'다. 따라서 직간접적인 '~되기'의 경험이 공감의 정도를 정한다. '~되기' 경험은 직간접적으로 자신의 존재를 다른 존재로 전환해 보는 적극적인 역지사지의 경험이다. 그렇다면 지금이 바로 '역지사지'가 필요한 순간이다. 노동계급 남성이 노동계급 여성으로 존재를 전환하여 역지사지하는 것과 부르주아 계급의 남성이 노동계급의 남성이 되어 역지사지하는 것 중 어느 것이 더 쉬울까? 부르주아 남성이 노동계급 남성이 되는 것이다. 부르주아 남성은 자신이 한순간 투자 실패로 노동계급이나 그 이하로 전락할 가능성을 언제든지 상상할 수 있으며, 실제로 사려 깊은prudent 기업가는 늘 그 가능성을 염두에 두고 재무관리를 한다. 또 성공한 부르주아 중 노동계급 출신이 적지 않다. 때로는 의도적으로 자녀를 경영 일선에 참여시키는 대신 다른 기업에 취업시켜 노동자로 일하도록 하는 예도 있다.

하지만 남성과 여성의 경우는 어떨까? 얼마나 많은 남성이 과연 자신이 여성이 된 상황을 상상하고 존재를 전환할 수 있을까? 여성이 어떤 상황에서 어떤 식의 삶을 살고 있으며, 어떤 어려움을 겪는지 역지사지할 수 있을까? 결코 쉬운 일이 아니다. "역시 대한민국이 치안 하나는 최고야."라고 말할 때 그 "치안"을 "치한"으로 듣고 섬뜩해하는 여성을 과연 '~되기'를 통해 이해할 수 있을까?

더구나 이 세상에는 여성에 대한 정보가 감추어진 경우가 많다. 알고자 하지 않으니 알려지지 않고, 알려지지 않으니 더욱 모른다. 심지어 얼마 안 되는 남성 페미니스트조차 페미니즘에 동조하는 계기가 된 순간을 "그럴 줄은 정말 몰랐다."라는 말로 압축해서 표현한다. 양심적인 부르주아는 노동계급의 처지를 어느 정도 알고 있으며, 이윤과 양심 사이에서 줄다리기한다. 하지만 양심적인 남성이라 할지라도 여성의 어려움에 공감하기 어려운 경우가 많다. 감추어진 세계기 때문이다. 모르고 수십 년 살아왔기 때문이다.

공감의 어려움 외에 또 부르주아가 사회주의자 되기보다 남성이 페미니스트 되기가 더 어려운 까닭은 사회주의는 생산체제, 사회 구조 같은 거시적인 변혁을 주장하지만 페미니즘은 일상생활에서의 미시적인 변화를 요구하기 때문이다. 당연한 일이지만 거시적인 변혁에 동조하는 것이 일상생활의 미시적인 변화에 동조하는 것보다 훨씬 실천하기 쉬우며, 그런 척 가장하기도 쉽다.

부르주아 계급 남성이 사회주의자가 된다고 해서 당장 큰 변화는 없다. '강남 좌파'라는 말이 성립하는 이유가 무엇이겠는가? 강남에서 잘 먹고 잘살고 있으면서, 또 막대한 재산 소득을 거두면서도 노동계급을 대변하고, 나아가 모든 계급이 사라지는 평등 사회 건설을 위한 정치활동과 사회 활동을 하는 데는 아무런 문제가 없다. 오히려 돈과 시간의 여유가 있으니 진짜 노동계급보다 더 열성적으로 활동할 수 있다.

역사가 증명한다. 대부분의 유명한 사회주의 지도자들은 모두 유한계급 출신이었다. 당장 카를 마르크스부터 변호사의 아들이며, 베를린 법과대학 학생이었고, 프로이센 국왕의 자문관인 베스트팔렌 남작의 사위였다. 망명 중에 아내가 장모에게 "생활이 너무 어렵다."라고 호소하자 돈이 부족한 상황 자체를 이해하지 못한 장모가 하녀를 보내 주었다는 일화는 마르크스가 어떤 계급 출신 인지 잘 보여 준다.

〈공산당 선언〉의 공저자이며 이른바 과학적 사회주의의 창 시자인 프리드리히 엥겔스는 전형적인 부르주아의 삶을 살았다. 1848년 혁명에 실패하고 독일 정부의 수배를 받자 도망도 칠 겸, 휴양도 할 겸 지중해 유람 여행을 떠난 인물이 엥겔스다. 훗날 그 가 후손 없이 죽자, 독일과 영국의 사회주의 정당들이 유산 귀속 을 놓고 서로 다툴 정도였다.

영국 노동당의 유명한 지도자로 오늘날 영국의 노동인권 관 련 제도를 완성한 해럴드 윌슨 총리 역시 부유한 집안 출신으로, 일상생활이 매우 세련되고 고급스러웠다. 노동당에서 총리가 나오 자 관례상 매주 총리를 접견해야 했던 엘리자베스 2세 여왕이 노 동자를 어떻게 상대해야 할지 걱정하다가 정작 세련되고 귀족적인 총리가 나타나자 매우 안심했다는 일화가 있다.

하지만 그의 고급스러운 생활이 사회주의 진영이나 노동조합 활동가들의 비판이나 비난의 대상이 되지는 않았다. 그는 역대 그 어느 노동당 지도자보다도 노동계급의 내번자 역할을 훌륭하게 수 행하였다. 물론 오페라, 발레, 그리고 고급 시가를 즐기며 말이다.

이걸 꼭 위선이라고 볼 필요는 없다. 사회 구조적이고 거시적 인 개혁에 필요한 안목과 지식, 정치력, 매력, 통찰력 등을 갖추려 면 상당한 수준의 교육을 받아야 하고, 그것에 대해 생각할 상당 한 시간이 필요하다.

당장 임금이 어떻게 결정되는지, 자본가의 이윤이 어떻게 형성되는지, 그리고 현재 사회 구조가 어떻게 계급 지배를 재생산하는지 등을 이해하는데 필요한 기초 지식부터 만만치 않다. 마르크스는 웬만한 독해력만 갖추면 읽을 수 있을 정도로 쉽게 쓴다고 〈임금 노동과 자본〉이라는 소책자를 만들었지만, 오늘날 대학생도 이 책을 쉽게 읽지 못한다. 그런데 이런 정도의 지식을 갖추지 않은 상태에서 단지 자신의 가난에 대한 불만, 부자에 대한 시기심만으로 분출되는 운동은 폭동과 약탈로 흘러갈 뿐, 사회 구조적인 변화를 끌어내지 못한다. 즉 노동계급 출신 지도자가 노동계급에 더 좋은 결과를 가져오지 못하는 경우가 많은 것이다. 그들은 한바탕의 혼란과 치명적인 패배를 불러오거나, 그 자신이 손쉽게 매수, 포섭되어 버리거나 한다. 그래서 어느 나라, 어느 시대나 사회주의자, 공산주의자의 최초의 지도자들은 노동계급이 아니라 교육 수준이 높고 사회적인 발언권을 보유한 중상 부르주아나 인텔리 계층에서 배출되었다.

이들 부르주아 계급 출신의 사회주의자는 억압과 빈곤으로 잔뜩 화가 나 있는 노동계급을 직접 만나거나 함께 생활할 필요도 없다. 사회정의와 분배에 대해 외치는 이들의 주요 청중은 노동계급이 아니라 약자에 대한 공감과 정의감에 넘치는 중상층 지식인, 즉 자신들과 비슷한 사회·경제·문화적 배경을 가진 사람이 많기 때문이다. 50년이 지나도록 패션 아이콘으로 팔리는 체 게바라를 보라. 자신의 기득권을 버리고 사회 구조라는 거대한 상대를 향해 도전하는 삶은 '남자다운 삶'으로 일종의 영웅 서사의 소재가 된다.

그러나 남성이 페미니스트가 된다거나 페미니즘을 지지하는 활동을 하는 경우는 다르다. 사실 요구 자체는 페미니즘이 사회주의보다 훨씬 소박하다. 페미니즘은 남성이 가진 권력이나 자본을 여성이 빼앗아 오자는 것도 아니며, 사회 구조를 뒤바꾸자는 것도 아니고, 남성을 타도하자는 것도 아니다. 물론 이렇게 주장하는 급진적인 페미니즘 분파도 있지만, 대부분 페미니스트의 요구는 매우 간단하다. 여성도 남성과 동등한 대우를 받아야 한다고 요구하는 것이다.

세상을 뒤집을 것도 없고, 이를 위해 정치권력을 장악할 필요도 없다. 일상적으로 보고 만나는 아내, 어머니, 자매, 딸에게 남편, 아버지, 형제, 아들과 다를 바 없는 대우를 하면 된다. 이것을 정당화하기 위해 복잡한 정치경제학이나 까다로운 사회 구조론을 동원할 필요도 없다. 간혹 이런 것들을 동원하여 아주 복잡한 설명을 하는 페미니즘 학자도 있지만, 이런 설명이 없어도 페미니즘 활동을 하는 페미니스트들이 딱히 더 폄하되거나 열등한 취급을 받지 않는다.

복잡한 이론이 필요 없는 이유가 있다. 자본주의 이데올로기보다 가부장제 이데올로기가 논파하기 훨씬 쉽다. 여자를 남자에게 순종하고, 제한된 권리와 삶의 방식에 만족하도록 만들기 위해 동원된 가부장제 이데올로기는 사실 그 기반을 대부분 전근대 사회에 두고 있다. 그러니 이 이데올로기가 오늘날의 삶과 현실에 맞지 않는다는 것을 증명하는 것보다는 이걸 옹호하는 것이 훨씬 복잡하고 어렵다. 마치 지동설보다 천동설이 훨씬 복잡한 설명을 요구하는 것과 같다.

문제는 가부장제, 가부장적 질서는 논리 위에 구축된 체계가 아니라는 것이다. 이것은 삶의 구석구석에 뿌리박고 있으며, 남성은 물론 여성까지도 여기에 정서적으로 유착된 경우가 많다. 따라서 이를 논리적이고 이론적으로 논파해도 쉽사리 설득할 수 없다.

사실은 아예 들으려 하지 않는다. 문제가 없다고 느끼는데 왜 설명을 들어야 하는가? 그래서 논리적이고 이론적으로 가부장제를 비판하는 페미니스트들은 때로 별난 여자 취급을 받는다.

불평등 자체를 인정할 수 없는 남성

남성 대부분은 자신과 여성 사이에 불평등이 존재한다는 것을 느끼지 못한다. 그렇다고 그들이 특별히 무심하거나 완고한 것은 아니다. 그들은 그저 평범한 남성이다. 그들은 살아오면서 자기가 여자보다 더 유리한 위치에 서 있다는 것을 의식한 경험이 없다. 그것은 마치 공기가 산소와 질소로 이루어진 공기 배합처럼 원래부터 그랬던 것이며, 너무 당연해서 의식할 수도 없는 것이었다. 애초에 세상 구석구석이 남성을 기준으로 구성되어 있었기 때문이다. 남성에게 유리한 것은 불평등이 아니라 그냥 자연스러운 것이었다.

이는 언어에서부터 드러난다. 영어 단어 Man은 사람이라는 뜻과 남자라는 뜻을 동시에 담고 있다. 그런데 Woman은? Man

앞에 특별한 접두어를 붙여서 만든 단어다. 그리고 Man과 달리 사람 일반을 가리키는 용도로는 사용되지 않는다. 그러니 이런 어법에 따르면 세상은 사람_{남성}과 여성으로 이루어져 있다.

영어뿐 아니라 대부분의 문화권에서 그것도 아주 오랜 기간 사람들은 특별히 성별을 지칭하지 않는 경우라면 으레 남성을 지칭하는 것으로 여겼다. 아직도 이 흔적은 많이 남아 있다. 그것도 매우 일상적인 사고방식 구석구석에.

다음 이야기를 읽어 보자.

> 브라운 씨는 예기치 않은 소송이 걸려 변호사 사무실을 찾았다. 50대 중반의 노련해 보이는 변호사가 정장을 잘 갖춰 입고 자신만만한 미소를 지으며 걱정하지 말라고 했다. 그리고 비서를 불러 사건 관련 서류와 자료를 가져오라고 지시했다.

어떤 장면이 연상되는가? 이 이야기에는 변호사, 의뢰인, 비서의 성별에 대한 정보는 전혀 없다. 하지만 대부분은 양복을 입은 남성 변호사와 남성 의뢰인, 그리고 여성 비서를 떠올릴 것이다. 기자들 역시 무심결에 "경찰은 범인 김 아무개(37)와 박 아무개(여, 34)를 체포하고 구속영장을 청구하였다." 같은 식으로 보도한다. 남자는 세상의 디폴트값이며, 여자는 특별히 지칭해야 하는 예외적인 대상인 것이다.

목소리 역시 같이 취급된다. 평소에 남성의 목소리, 남성의 발언만 들리는 세상을 이상하게 여기지 않는다. 오히려 목소리를 내는 여성이 유별난 존재다. 여성은 침묵한다. 그런데 여성이 목소리를 내지 않으면 남성이 디폴트값인 세상에서 여성은 아예 존재 자체가 지워진다.

이런 조건에서 성장한 남성은 어떤 세계관을 가지고 있을까? 세상이 출신 계급에 따라, 소위 수저에 따라 불평등하고, 불공정하다는 생각을 하는 것이 쉽지, 성별에 따라 불평등하다는 생각을 하는 것은 쉽지 않다. 그들은 실제로는 남성에게 유리하고, 남성에게 편리하도록 설계된 세상을 '남성 중심적'이라고 여기지 않고 자연스러운 것, 중립적인 것으로 여긴다. 심지어 많은 여성도 그렇게 생각한다. 세상에 자신들에게 적합한 별도의 기준을 요구할 수 있다는 사실, 그 가능성조차 모르고 살아왔기 때문이다. 남자에게 적합한, 남자를 기준으로 만들어진 세상을 '자연스러운 것'으로 여기고 그 불편을 원래 그런 것으로 감수하며 살아왔다.

매우 오랜 세월, 심지어 아직도 여성은 사람의 두 성별 중 하나가 아니라 사람과 구별되는 또 다른 종으로 여겨졌다. 성경에도 '사람의 아들'과 '여자의 딸'이라는 표현을 곳곳에 남겨 놓았다. 여자는 사람과 구별되는 그 무엇, 아담의 갈비뼈 비유에서 보듯 파생된 그 무엇, 일종의 시뮬라크르*다. 따라서 여성은 온전한 사람이 될 수 없으며 사람의 본질인 생각, 이성을 제대로 갖추지 못해서 감정의 영향을 받아 변덕스러운 판단을 한다고 여겼다.

---

* Similacre. 실제로는 존재하지 않는 대상을 존재하는 것처럼 인위적으로 만들어 놓은 것을 가리키는 철학 개념.

만약 이런 여성이 뭔가 불만을 이야기한다면? 그것은 정당한 불만이 아니라 다만 일종의 감정적인 발산, 변덕에 불과하다. 그게 바로 히스테리다. 분노하는 남성은 때로는 영웅적인 모습으로도 받아들여지지만 분노하는 여성은 대부분 히스테리 부리는 취급을 받는다. 더구나 이 히스테리hysteria의 어원조차 바로 자궁의 라틴어 단어인 히스테라Hystera다.

이렇게 여성을 사람 이하의 존재로 보는 관점은 20세기가 지나서도 계속되었다. 헨리크 입센의 《인형의 집》에서 전형적인 가부장인 헬머는 아내 노라를 한 번도 '사람'으로 부르지 않는다. 그가 아내를 부르는 호칭은 종달새 아니면 다람쥐다. 물론 그는 아내를 사랑하고 아끼는 남편으로 등장한다. 하지만 그렇다고 할지라도 성인으로 대하고 존중하는 것이 아니라 일종의 반려동물로 여기는 것이다.

이런 가부장에게 여자가 하는 말은 종달새가 지저귀는 소리로, 행동은 재롱으로 보일 뿐이다. 따라서 이런 여자의 생각이란 남자로부터 가르침과 교정을 받아야 할 불완전한 의견, '속 좁은 아녀자의 소견'이다. 절대로 해서는 안 되는 말은 남자와 대등한 입장에서 드러내는 '견해', 그리고 남자의 말이나 생각에 대한 반박이나 비판이다. 이런 것들을 통칭하여 '말대꾸'라고 한다. 말대꾸는 좀 거칠게 비유하면 개가 주인을 무는 것에 해당한다.

물론 요즘은 정반대 아니냐고 반문하는 남성도 있을 것이다. 실제로 많은 중년 남성이 아내를 집안의 실권자라고 부른다. "요즘은 여성 상위 시대 아니야?" 이렇게 말하면서 이런저런 결정에서 아내가 더 주도적인 위치에 있는 것처럼 말하기도 한다. 소위 '남자들 세계'에서 제법 지위를 가진 남성이 친구들 앞에서 자기 아내나 여자 친구 혹은 딸을 두려워하는 듯한 제스처를 취하는 것은 허물이 아니라 적절한 농담으로 여긴다. 어느 정도 성공한 남성끼리 하는 말을 들어 보면 그들은 하나같이 공처가이며 딸바보다.

하지만 그렇다고 그들이 진심으로 아내나 여자 친구 혹은 딸의 의견을 존중하고 따르는 것은 아닐 것이다. 그들이 그 말을 듣거나 듣는 척하는 것은 그것이 '잔소리'기 때문에 귀찮아서 혹은 귀여워서다. 잔소리는 여자의 '속 좁은' 생각에서 비롯된 말이며 투정의 일종으로 여긴다. 설사 남자가 그 '잔소리' 때문에 여자가 하라는 대로 행동해도 그건 잔소리하는 상대가 사랑스러워서_{그런 경우도 드물지 않다} 혹은 귀찮아서 특별히 큰 불편이 없다면 들어주는 것이지, 진심으로 그 말의 의미를 헤아리고 따르기 때문이 아니다. 가령 자신을 반려견이나 반려묘의 집사라고 자처하는 사람 중 실제로 그 개나 고양이의 뜻을 존중하고, 그들의 요구가 올바르고 정당해서 들어주는 사람은 과연 얼마나 될까?

그래서 아내, 여자 친구, 딸의 '잔소리'나 투정이 정말로 논리적으로 타당하여 남성이 옳다고 생각하는 것이나 행동에 대해 실질적인 변화를 요구하기 시작하면, 그럼으로써 그들의 일상생활에 변화를 일으키게 된다면 그때부터는 사정이 달라진다. 그 순간 그 여자의 말은 '잔소리'가 아니라 말대꾸나 자기주장이 된다. 남성은 여성의 잔소리나 투정은 허용하고 여자로부터 잔소리는 들을지언정_{엄밀히 말하면 듣는 것이 아니라 견디는 것이지만}, 실제로 그들의 견해를 묻지 않고 궁금해하지도 않는다. 당연히 그들의 말을 듣고 자기 생각이나 행동을 바꿀 마음은 전혀 없다. 만약 여성이 계속 이를 요구한다면 그때부터 종달새, 다람쥐는 거센 여자, 자기주장이 강한 여자가 되어 버리며, 집안을 망하게 하는 우는 암탉이 되어 버린다.

그런데 여성의 이 '자기주장'이라는 것이 별다른 것이 아니다. 여성의 의견을 받아들이라는 것도 아니다. 자기 말을 남성의 것과 동등한 위치에서 평가하고 판단해 달라는 것에 불과하다. 즉 여성이 자신들을 사람남성에 종속된 또 다른 종족이 아니라, 다름 아닌 사람이라는 것을 인정하라는 것에 불과하다.

하지만 많은 남성은 여성의 입장으로 역지사지하지 못한다. 그 까닭은 실제 여성에 대해 아는 바가 적기 때문이다. 이 세상을 지배하는 가부장적 질서는 여성의 목소리, 여성의 상황이 거의 드러나지 않게 만들어 놓았으며 이런 상황을 자연스러운 것, 당연한 것으로 만들어 놓았다. 따라서 대다수의 선량한(!) 남성에게 여성이 종달새나 다람쥐, 여성의 목소리가 잔소리나 투정 혹은 애교로 들리는 것은 특별히 불평등하거나 부조리한 것이 아니라 지극히 자연스러운 것으로 여겨져 왔다. 일부러 그렇게 들은 것이 아니라 그렇게 듣는 것을 당연한 것으로 여기고 살아왔다.

마찬가지로 같은 수준이거나 더 낮은 수준의 말을 해도 비슷한 위치에 있는 여성보다 자기 말이 더 진지하게 받아들여지는 것 역시 특권이 아니라 자연스러운 것으로 여기고 특별히 의식하지 않고 살아왔다. 공연장 등 공공장소에서 여성은 화장실 앞에서

긴 줄을 서고, 남성은 금방 용변을 보고 나올 수 있는 것도, 좁은 공간에서 남성과 마주친 여성이 여성과 마주친 남성보다 훨씬 큰 공포와 불안을 느껴야 하는 상황도 특별히 의식하지 않고 살아왔다. 이 모든 것을 특권이 아니라 그냥 자연스러운 것, 평등하고 균형 잡힌 상태로 여기며 살아왔다.

바로 이 때문에 어느 정도 진보적인 성향의 남성조차 계급, 계층, 인종 간에 발생하는 불평등이야말로 가장 시급하고 근본적인 문제이며, 페미니즘의 주장은 다만 중산층 여성의 성취 욕구가 발현된 것에 불과한 것이며 부차적이라고 미뤄 두자는 주장을 쉽게 한다. 심지어 이들 중에는 페미니스트들이 근본적인 인종, 계급, 계층 불평등 문제를 희석한다며 비난을 퍼붓는 예도 있었다.

반면 특별히 진보적이지 않은 일반적인 남성들은 평등으로 가는 과정을 도리어 역차별로 받아들이기 쉽다. 이는 젊은 세대일수록 더욱 두드러지게 나타났다. 이들은 여성에게 주어진 여러 가지 불평등한 조건들을 평등하게 바꾸는 것을 오히려 자연스럽고 평등한 상태를 여성 쪽으로 치우치게 바꾸는 것으로 여긴다.

비유하자면 여성은 다만 "이제 내 말 좀 들어라."라고 요구한 것에 불과하지만, 그동안 자기네가 특별히 더 많은 말을 하고 있다고 생각하지 않던 남성은 이 주장을 "남자들은 입 다물어."로 받아들이는 것이다. 그리고 '사회가 이렇게 역차별로 흘러가는 까닭을 여성의 환심을 사서 표를 얻으려는 정치인들의 욕심, 여성의 주머니를 털어 돈을 벌려는 자본가, 언론사의 욕망 때문'이라고 생각한다.

■

균형을 찾아가는 과정을
상실로 받아들이는 남성
– 남성에게 더욱 절실한 페미니즘 교육

누구에겐 양보, 누구에겐 균형

상투적인 표현이기는 하지만 "세상의 반은 여자"다. 그런데 이 절반이라는 비율이 문제다. 절반이라는 숫자는 상대를 두렵게 하기에는 충분한 숫자가 아니며, 쿨하게 양보를 받아 내기에는 너무 많은 숫자다. 그래서 젠더 불평등 문제는 해결의 실마리를 찾지 못하고 공전하기 쉽다.

계급 불평등과 비교해 보자. 19세기에서 20세기 초반에 이르기까지 노동자는 무엇보다도 머릿수의 위력으로 자본가를 압박할 수 있었다. 이들의 머릿수가 이토록 늘어나게 된 이유가 다름 아닌 자본가의 이윤 추구라는 점이 역설적이었다. 자본가는 더 많은 이윤을 얻기 위해 더 많은 노동자가 필요했다. 마르크스가 묘사한 대로 부르주아는 자기들의 무덤을 팔 사람들을 키울 수밖에 없는 처지다.

1917년 러시아 혁명은 노동계급의 머릿수가 실질적인 위협이라는 사실을 증명했다. 자본가는 노동자를 힘으로 제압하기 어려움을, 그리고 그들의 자발적 복종을 끌어내던 이데올로기가 무너졌음을 인정해야 했다. 남아 있는 옵션은 일정 수준 양보하여 노동자의 삶을 개선하는 것뿐이다. 물론 자본가가 순순히 양보하지는 않았다. 이 양보의 혜택이 모든 노동계급에게 똑같이 주어지지 않게 하면서 노동계급 중에 노동 귀족층을 만들어 계급을 나누어 지배하고자 했다.

다른 한편으로 자본가는 노동자의 머릿수에 맞서고 이를 무력화할 신무기도 개발했다. 바로 기술혁신이다. 기술혁신은 한마디로 노동력의 절약이다. 절약된 노동력은 개별 노동자의 노동 시간을 줄이는 방향보다는 전체 노동자의 고용을 줄이는 방향으로 적용되었다. 20세기 중반 이후 현대 자본주의 혁신의 역사는 노동자의 머릿수를 줄여 가는 역사다.

기술혁신은 노동자 수를 줄일 뿐 아니라 노동계급 분할 도구로도 작용했다. 기계 성능이 향상되면서 숙련공 수를 줄이고 노동자의 노동을 단순화함으로써 대체 가능성을 높였다. 또 전체 고용은 줄이면서 실업자가 되지 않은 노동자 중 일부 영역, 직종에 대한 처우에 대해서는 상당히 양보함으로써 노동자 계급 안에 자본가의 양보 혜택을 보는 층과 보지 못하는 층을 나누었다.

하지만 이 정도 양보라도 끌어낼 수 있었던 동력은 노동자 머릿수가 언제든지 심각한 위협으로 전환될 수 있기 때문이다. 아무리 줄이려 애를 써도 노동자가 자본가보다 훨씬 수가 많다는 것은 바뀌지 않는다. 이는 언제나 잠재적인 위협이다.

이주 노동자나 성 소수자는 반대로 수가 적어서 양보를 얻어낼 수 있다. 양보나 관용을 끌어낼 여지가 있기 때문이다. 사실 양보보다 관용에 가깝다. 지배계급은 이해타산이 빠르다. 이주 노동자나 성 소수자는 소수다. 어느 정도 양보하는 것은 큰 티가 안 난다. 오히려 그럼으로써 얻게 될 무형의 이득개방적이고 진보적인 이미지 등이 더 클 수 있다. 그러니 그 정도는 쿨하게 양보하는 사람이 지배계급에서 나올 수 있다.

더구나 성 소수자에게 할 양보는 마음의 불편함을 감수하는 것, 즉 '인정'뿐이다. 이상하게 보지 않고 혐오하는 티만 내지 않으면 된다. 특히 '강남좌파'라 불리는 진보 성향의 기득권층 인사에게는 소수자에게 관용적인 모습을 보여 주는 것만큼 남는 장사가 없다. 이들에게 양보한다고 해도 자신들의 일상생활은 눈곱만큼도 달라지지 않을 것이다. 무엇보다도 경제적인 불이익은 거의 없을 것이다.

그런데 양보할 대상이 여성이라면 사정이 전혀 다르다. 여성은 많다. 세상의 절반이다. 여성에게 무엇인가 양보하면 반드시 그 결과가 티가 난다. 경제적으로 불이익이 오고, 일상생활에서도 의식할 수 있을 정도의 불편을 감수해야 한다.

양보라는 말도 남성의 관점에서 하는 말이다. 여성의 관점에서 그것은 양보가 아니라 정상화, 균형 맞추기에 불과하기 때문이다. 남성은 큰 양보를 한다고 생각할지라도 여성은 엄청난 것을 요구하고 있다고 생각하지 않는다. 다만 동등한 사람으로서 정당한 대우를 요구할 뿐이다. 하지만 그 동등한 대우를 하기 위해 남성이 포기할 것이 너무 많고, 그 불편함이 티가 확 난다.

결국 여기서 평행선이 그어진다. 여성들은 이렇게 말할 것이다. "나아지긴 했지만, 여전히 우리는 차별 받고 있다." 반면 남성들의 반응은 이럴 것이다. "여자들의 욕심이 끝이 없구나. 도대체 얼마나 더 내주어야 한단 말이냐?"

일상적 변화가 주는 불편함

바로 이것이 성 소수자나 외국인 노동자 등에 대해서는 그토록 쿨한 모습을 보여 준 진보 성향의 남성이 페미니즘에 적대적이고 민감한 반응을 보인 까닭이다. 남성들은 그동안 경험하지 못하던 불이익과 불편함을 감수한다. 경우에 따라서는 이것을 '진보적인' 가치관에 따라 자발적으로 행하기도 한다. 하지만 남성들이 스스로 생각하기에 엄청난 희생을 했음에도 불구하고, 여성들은 아직 정상화에는 도달하지 못하고 약간 개선된 것에 불과하다고 느낀다.

특히 이는 고학력 중산층 남성에게 매우 강한 상실감을 준다. 중산층 이하 남성은 가부장의 권력이 그리 강하지 않았다. 그 계층의 일자리는 어차피 여성이 많이 진출해 있고, 중하층 남성은 물리적인 '폭력'을 통해서만 권력을 행사할 수 있었다.

하지만 중산층 이상의 계층에서는 남성의 교묘한 독과점이 이루어지고 있었다. 교직과 공무원을 제외한 괜찮은 중산층 일자리에서의 남성 카르텔은 공고했다. 채용부터 승진에 이르기까지 매 단계에 고학력 여성이 자기 능력을 드러내면 "인화를 해치는 까칠한 사람"이고, 감추면 "진취적이지 못한 사람"이라는 말을 들어야 했다. 회사 일을 우선하면 "차가운 사람", 가정일을 우선하면 "공사 구분이 안 되는 사람"이라는 뒷말을 듣는 건 덤이다.

많은 중산층 이상의 고학력 남성이 누리는 지위는 이런 기울어진 운동장에서의 경쟁을 바탕으로 한 것이다. 하지만 이들은 자신들의 지위가 '정당한 것'이라고 믿어 왔다. 자기 능력을 드러낸 여성이 경쟁에서 탈락한 까닭은 "화합을 해치는 인성" 때문이며, 드러내지 않는 여성이 경쟁에서 탈락한 까닭은 "소극적이고 진취적이지 못한 태도"때문이다.

그런데 1960년대 들어 베티 프리단Betty Freidan을 필두로 한 2세대 페미니스트들은 이것이 부당하다고 주장했다. 참정권을 요구했던 1세대 페미니즘에 이어, 여성의 자아 성취, 여성의 경력에 대한 정당한 요구가 밀물처럼 밀려왔고, 이는 이미 쟁취한 참정권을 바탕으로 정치인들을 움직였다. 고학력 중산층 남성들은 괜찮은 일자리에 대한 우선권, 그 일자리에서의 승진에 대한 우월한 지위를 하나둘 상실하기 시작했다. 물론 이 상실이라는 표현 자체도 남성 중심적인 표현이다. 정확하게 말하면 이는 균형을 찾아가는 것이다.

더구나 남성이 그토록 상실하고 있다고 징징거림에도 불구하고 여전히 주요 기업의 임원진 중 여성 비율은 30%가 넘는 경우가 없다. 우리나라의 10대 기업 신입 사원도 여전히 남성이 더 많다. 심지어 우리나라에서 세 손가락 안에 들어가는 대기업의 경우 여성 직원의 비율이 10%대에 불과하다. 하지만 최근 그 차이가 점점 줄어들고 있다. 그런데 이를 취업을 앞둔 젊은 남성은 '박탈'로 받아들이기 쉽다. 이러한 좋은 일자리에 여성 비율이 45%까지만 늘어나도 많은 젊은 남성은 취업문이 바늘구멍이 되었다고 느낄 것이다.

변화는 경제적인 손해에 그치지 않는다. 일상생활의 불편도 감수해야 한다. 그런데 그 불편이 여성으로서는 너무도 당연하며, 그 정도로는 아직도 많이 모자란 것이다. 이 틈이 갈수록 심해지는 양성 갈등의 원인이다. 남성으로서는 "이렇게 까지나 불편을 감수하고 양보했는데 고맙다는 소리 하나 못 듣냐."라고 말할 수 있다. 그들은 비정규직 노동자에 대해서도 양보할 수 있고, 빈곤층의 복지를 위해 상당히 많은 세금을 추가로 낼 수 있지만 페미니즘의 요구에 대해서는 민감하게 반응하기 쉽다.

여성이 자신과 동등한 권리를 가졌음을 인정할 때 남성에게 나타나는 가장 선명한 변화는 말을 덜 해야 한다는 것, 그리고 말할 때도 '조심'해야 한다는 것이다. 페미니즘이 확산하면서 남성에게서 나온 불만 중 가장 많은 것이 "뭔 말을 못 하게 한다.", "이 정도 농담도 못 받아들이냐?", "이 정도 말도 성희롱이냐?" 등등이었다.

하지만 그동안 이 정도의 말조심은 여성에게는 일상이었다. 너무도 말조심할 상황이 많아 아예 말을 안 하는 게 상책이 되어버린 것이다. 흔히 여자가 말이 많고 수다스럽다고 하지만, 그건 여자끼리 있을 때의 일이다. 남녀가 서로 섞여 있는 상황에서는 어떨까? 대부분의 사람은 경험으로 알고 있다. 누가 말을 많이 하는지.

하지만 이 상황에서도 여자가 말이 많다고 여기는 남성이 있다면 이는 남녀가 섞인 상황에서 여자가 하는 말에만 선택적으로 자극되기 때문이다. 남자가 말하는 것은 마치 산들바람이 불고 있는 온화한 날씨 같은 기본 조건이고 여자가 말하는 것은 돌풍이나 소나기 같은 상황, 사건으로 인식하는 것이다.

남성이 다른 사람들의 '입방아' 따위 신경 쓰지 않는 태도를 보이면 용기 있고 호탕한 성격이라고 칭찬받는다. 물론 '사회생활'

못 한다며 싫어하는 사람도 있지만 그 반대로 그 시원한 태도를 좋아하는 팬도 만들 수 있다. 하지만 여성의 경우 거의 그렇지 않다. 일단 '입방아'에 올랐다는 이유만으로, 그 시비 곡절을 따지지 않고 평가절하당하는 것이다.

그런데 남성이 여성이 일상생활에서 그토록 '말조심'하며 살고 있다는 것을 의도적으로 무시하는 것은 아니다. 정말로 잘 모른다. 사람의 지각은 '지향'의 산물이다. 보고자 하는 것을 보며, 듣고자 하는 것을 듣는다. 나머지는 모두 배경이나 노이즈로 처리한다. 그래서 여성이 의도적으로 '말조심'하며 물러서거나 침묵하는 모습을 보지 못한다. 오히려 그 상황을 자신이 대화의 주도권을 잡은 것으로 인식한다. 만약 여성과 함께 업무 관련 회의를 했다면 남성은 여성보다 자신이 "유능하다"고 인식할 가능성이 크다. 한마디로 남성의 기득권은 여성의 침묵 속에 유지되었으며, 침묵이 오래 지속되다 보니 기득권이라는 생각조차 못 하게 되었다.

남성이 이 모든 것을 다 받아들이고 인정했다고 하자. 하지만 문제는 실천의 어려움이다. 이것이 진보적인 남성마저 페미니즘을 불편해하는 이유다. 노동계급에 비해 자신이 많은 것을 누려왔음을 인정한 강남좌파의 실천은 때때로 부과되는 누진세를 납부하고, 종합부동산세를 납부하고, 노동조합이나 시민단체를 후원하고 행사나 집회에 참석하는 정도로도 실천할 수 있다. 재산상의 손실이 좀 있겠지만 어차피 여유 자금이고, 조금 더 절약하면 된다. 일상은 크게 바뀌지 않는다.

하지만 남성의 기득권을 인정하고 여성에게 인간으로서의 동등한 권리가 있음을 인정하는 것은 세금을 더 내는 것 같은 게 아니다. 일상생활의 사소한 습관까지 바꿀 것을 요구한다. 힘들고 귀찮다. 당장 눈앞에서 매일 만나는 여자들, 즉 아내, 딸, 자매, 어머니를 일상적으로 전과 다르게 대해야 한다는 뜻이다. 이것은 단지 무엇을 내주는 수준이 아니다. 차라리 특별히 더 내주어야 할 무엇은 없다. 다만 평소에는 느끼지 못했던 불편함을 나누어 감당해야 할 뿐이다.

공연장이나 공공시설에서 화장실 이용하는 것부터 달라진다. 그동안 남성은 공연 막간에 화장실 걱정을 하지 않았다. 1막이 끝나면 느긋하게 객석을 나서면 되었다. 막이 내려가기가 무섭게 서둘러 달려 나가는 여자들을 향해 고개를 가로젓기도 했을 것이다. 여자 화장실 앞에 늘어선 긴 줄을 보면서 "불편하겠다."라는 생각을 했을지언정, 그것이 자신들의 특권이라는 생각은 하지 않았다. 그냥 너무도 자연스러운 세상이었다.

그런데 여성의 목소리를 인정하면 당장 공중화장실부터 30% 이상 감축될 것이다. 남자들도 줄이 짧은 화장실을 찾아 돌아다녀야 하는 것이다. 이런 식으로 의도적이지 않게 남성에게 유리하고 편리하게 설계된 '자연스러운' 생활의 여러 영역이 바뀐다. 사실 그것이 진정한 의미의 자연스럽고 중립적인 상태지만, 남성은 이를 멀쩡한 세상을 여성에게 유리하게 바꾸는 것, 편파적으로 바꾸는 것으로 본다. 그래서 나오는 논리가 이해심이 있다고 자부하는 남성에게서 나오는 "이만하면 되었다", 그리고 좀 더 강퍅한 남성에게서 나오는 "여기서 더 나가면 역차별"이다.

합리적인 남성이라면 여성이 화장실에서 보내야 하는 시간이 남성보다 많고, 여성은 용변뿐 아니라 다른 일을 위해서도 화장실이 필요하므로 공중화장실을 설계할 때 여성용에 두 배 이상 많은 공간을 할당해야 한다는 이성적인 판단을 받아들일 수도 있을 것이다. 하지만 이성적으로 생각하는 것과 그전에는 생각하지도 않았던 긴 줄을 서는 불편을 경험할 때의 감정은 별개다. 이성과 감정은 무처럼 싹둑 잘라 구별하기 어렵다. 부정적인 감정은 이성적 판단에도 영향을 준다. 그것이 합리적이라고 믿는 가운데서 말이다. 행동경제학에 따르면 사람은 획득보다 상실에 민감하게 반응한다. 새로 화장실 공간을 얻은 여성보다는 누리던 편리함을 상실한 남성이 더 민감하게 반응할 것이며, 이것을 합리적인 외피로 감싸서 주장할 것이다.

진보나 보수를 가리지 않고 남성에게 유리하게 짜인 기울어진 운동장을 평평하게 바꾸어야 한다는 주장을 얼마든지 이성적으로 받아들이고 합리화할 수 있다. 진보는 평등주의의 이념으로, 보수는 이른바 신사도의 정신으로. 하지만 그동안 자연스러웠던 일상생활에 전에 없던 불편함이 끼어들기 시작하면, 당연히 누리거나 받던 것을 줄여야 하는 상황이 오면 감정은 이를 상실로 받아들이기 쉽다.

정치적 올바름을 추구하는 진보 성향의 고학력 중산층 남자가 있다고 하자. 그리고 이 남자는 비정규직 노동자나 이주 노동자, 혹은 성 소수자를 위해서도 기꺼이 양보할 관용적인 자세를 가지고 있을 것이다. 이 남자는 사회적인 약자를 위해 어느 정도 범위 안에서는 누진세나 재산세 등도 감당할 용의가 있고, 성 소수자를 직장이나 사회에서 편견 없이 대할 수도 있을 것이다. 또 평소에 여성을 존중하고, 여성을 동등한 인격으로 대하려고 노력하는 자세를 갖추고 있었을 것이다.

하지만 이 모든 것은 자신이 특별히 "더 누리고 있다고 생각하는 것"에서 조금 덜어낼 수 있다는 것이지, 자기들이 "당연한 것, 자연스러운 것"이라고 여기던 것에서 깎아내는 것까지 감수하겠다는 것은 아니다. 오히려 진보 성향이 강할수록 권리 의식이 높을 수 있으므로 "더 누리는 것"이 아니라 "자연스러운 것"에서 덜어낸다고 느끼면 더 거세게 저항할 가능성마저 있다.

쩍벌남과 다꼬녀, 그 엉뚱한 균형에 대하여

'쩍벌남 다꼬녀' 논란은 '군무새'*와 더불어 한국 남성들이 조금 늘어난 불편에도 불구하고 그것을 역차별로 몰고 가려는 치졸함을 상징한다. 어떻게든 "여자도 마찬가지"라고 말할 건수를 만들어 기계적 균형을 맞추려는 것이다.

'쩍벌남'은 지하철이나 공공장소에서 다리를 쩍 벌리고 앉는 남자를 일컫는 말이다. 남자만 다리를 쩍 벌리느냐고 반문할 수 있겠지만, 미국에서도 man spreading이라는 용어가 사용되는 것으로 보아 '쩍벌'은 남자가 주로 하는 행동이라고 봐도 무방할 것

---

* 남자만 국방의 의무를 지는 건 불평등하다고 주장하는 것을, 같은 말을 반복하는 앵무새에 빗대어 조롱하는 말.

같다. 미국에서는 이 쩍벌남에 대해 굉장히 강경하게 대처한다. 톰 크루즈 같은 슈퍼스타도 지하철에서 쩍벌 하고 앉아 있는 사진이 찍혀 망신당하기도 했다. 심지어 당시 좌석이 텅텅 비어 있었음에도 그랬다. 심지어 뉴욕에서는 다른 승객에게 불편을 준 쩍벌남 두 명을 경찰이 체포함은 물론 구속영장까지 청구하여 기각되었지만 공권력 남용 논란이 일기도 했다.

쩍벌남에 왜 이렇게 부정적일까? 일단 보기 좋지 않고, 또 상대방에게 상당히 공격적이거나 거만한 느낌을 준다. 무엇보다도 지하철 같은 곳에서는 다른 사람이 차지할 정당한 공간을 가로챔으로써 많은 불편을 초래한다.

그런데 많은 남자가 쩍벌남에 대해 비판적이다. '쩍벌남'이라는 특별히 더 저질스럽고 무례한 남자들이 있고, 자신과는 별로 상관없는 일이라고 생각하기 때문이다. 하지만 여자들은 일단 남자라면 '쩍벌'로 간주하는 경향이 있다. 남성들이 자신이 쩍벌이 아니라고 생각하는 반면, 여성들은 아주 많은 남성이 쩍벌이라고 여긴다.

이러한 인식의 괴리는 다리를 어느 정도 벌려야 쩍벌이냐는 기준의 차이에서 비롯된다. 남자들은 "다리를 과도하게 벌리는 것"을 쩍벌이라고 생각한다. 일부러 자리를 더 차지하지 않고 자연스럽고 편안한 상태로 다리를 두는 것은 쩍벌이라고 여기지 않는다. 여자들은 자기 좌석 범위를 넘어 옆 좌석에 앉은 사람 신체에 다리가 닿으면 모두 쩍벌이라고 여긴다.

지하철 좌석에서 한 사람에게 허용된 좌석의 폭은 40센티미터로 성인 남성의 엉덩이 폭과 큰 차이가 나지 않는다. 평균 수준의 체격을 가진 남성이라면 앉았을 때 고관절이 조금이라도 바깥쪽으로 벌어지면 모두 '쩍벌'을 면하기 어렵다. 남성은 지하철 좌석에서 쩍벌을 면하려면 의도적으로 다리를 벌리지 않는 정도가 아니라 의도적으로 다리를 모아야 한다.

이렇게 쩍벌이 문제가 되고, 자신들도 쩍벌남 범주를 벗어나지 못함이 알려지자 남성들이 항변한다. 입석보다 불편한 좌석은 문제 있는 것 아니냐, 그동안 국민의 체격이 커졌으니 좌석 기준도 달라져야 한다. 지하철 좌석을 기존의 일곱 석에서 여섯 석으로 바꾸어야 한다 등등의 주장이 나온다_{실제로 최근 도입된 지하철은 6}석이다. 하지만 그들은 수십 년간 승객의 절반이 불편하게 웅크리는 자세로 앉아 왔음을 알지 못한다. 이는 그동안 남성이 여성의 세상을 아예 보지 못하고 전혀 다른 세상을 살아왔음을 잘 보여 주는 사례다.

쩍벌남

상상력을 동원해 보자. 지하철 좌석에 양복을 잘 차려입은 중년 남성이 앉아 있다. 그런데 이 남성이 양 무릎을 딱 붙이고 앉아 있다면? 이 모습은 자연스럽지 않아 보일 것이다. 오히려 양 무릎 끝이 엉덩이보다 살짝 넓은 약 20도 정도 각도로 벌어진 자세가 자연스럽게 보일 것이다. 반면 같은 복장, 즉 바지 정장 차림의 여성이라면? 아마 이 여성이 무릎을 딱 붙이고 앉는 모습이 그리 부자연스럽게 보이지 않을 것이다. 오히려 이 여성이 다리를 20도 정도 벌리고 있다면 치마가 아니라도 약간 여성스럽지 않다고 느낄 가능성이 크다.

이게 바로 그동안 여성이 살아온 또 다른 세상이다. 여성은 지하철 등에서 옆 자리 승객이 있건 없건 늘 40센티미터의 공간마저 충분히 다 쓰지 못하는, 겨우 20도 정도의 벌림마저 용기가 있어야 하는 태도를 강요받아 왔다. 그런데 남성은 옆자리 승객의 편리를 위해 조금만 불편한 자세를 취해 줄 것을, 즉 20도 이하로 벌릴 것을 요구 받자 바로 좌석 칸을 줄여 공간을 늘리라며 항변한다.

그러자 혹자는 신체 구조를 들먹인다. 신체 구조상 남자는 다리를 벌리는 것이 편하고 여자는 모으는 것이 편하다고 한다. 일단 남자가 다리를 벌리는 것이 편한 건 사실이다. 하지만 여자 역시 다리를 벌리는 것이 더 편하다. 할머니들이 지하철에서 무릎을 딱 붙이지 않고 벌리는 것은 무례해서가 아니라 무릎을 붙이는 자세가 힘든 자세기 때문이다. 적당한 수준으로 다리를 벌리고 앉는 것이 더 편한 것은 남성, 여성을 가리지 않는다. 다만 그동안 그 적당한 수준이 대체로 남성이 편안하다고 느끼는 범위보다 좁았고, 여성에게는 아예 허용되지 않았을 뿐이다.

아래는 '쩍벌'을 방지하기 위해 지하철 좌석 바닥에 발바닥 위치를 지정한 사진이다. 남자들은 이 사진을 보고 스스로 판단해 보기 바란다. 이 정도 수준의 자세로 앉으려면 의도적으로 다리를 모아야 하고 익숙해지기 전까지는 불편을 느껴야 한다. 하지만 여자들은 어떻게 느낄까? 이 정도 자세라면 오히려 평소에 취하는 자세 수준이거나 오히려 꽤 완화된 자세로 느낄 것이다. 같은 수준임에도 남성은 더 불편해졌고, 여성은 더 편해졌다.

쩍벌이 남성의 보편적인 행동이라는 것이 명백해지자 남성의 쩍벌에 해당하는 여성의 민폐 행동을 하나 창안하여 균형을 맞추려는 시도도 나왔다. 누가 먼저 시작했는지 모르겠지만 어느새 '다꼬녀다리 꼬는 여자'라는 말이 만들어져 여기저기 유포되었다. 아무래도 지하철에서 다리를 꼬고 앉으면 발바닥이 옆 사람 옷에

발바닥 위치 지정

닿는 등의 불편을 준다.

하지만 이는 대단히 부당한 비유다. 당장 지하철에 가서 임의의 좌석 열 개만 관찰하면 좌석에서 '쩍벌' 하는 사람은 거의 예외 없이 남자지만 다리를 꼬고 앉아 있는 사람은 성별 간의 특별한 차이를 발견하기 어려울 것이다. 쩍벌은 거의 남자지만 다꼬는 성별을 가리지 않는다. 그럼에도 불구하고 '다꼬녀'라는 말이 나온 까닭은 무릎을 딱 붙이고 앉는 자세 외의 자세를 취한 여성을 모두 '비정상'의 범주로 몰아넣는 습관에서 비롯된 것일 수 있다. 여성은 다리를 벌리고 앉는 경우가 별로 없으니 다리를 모은 자세가 불편하면 다리를 꼬게 된다. 그러니 남성의 눈에는 다리 꼰 여자만 눈에 들어오고, 다리 꼰 남자는 안 보이는 것이다.

더구나 다리 꼬는 자세에도 남성과 여성 사이에 차이가 있다. 76쪽 그림의 오른쪽은 주로 여성이 취하는 다리 꼬는 자세다. 반면 왼쪽은 남성이 주로 취하는 자세다. 실제로 남성 중에도 오른쪽 자세를 취하는 경우가 있지만 왼쪽 자세가 더 많다. 반면 여성 중에 왼쪽 자세로 다리를 꼬는 경우는 거의 없으니 이를 여성형, 남성형이라 불러도 큰 무리는 없을 것이다.

그림을 통해 직관적으로 느낄 수 있듯이 남성형 다리 꼬기 자세가 훨씬 민폐다. 여성 스타일의 다꼬는 꼰 다리의 발바닥이 옆 사람을 향하지 않고 자기가 앉은 좌석의 범위인 40센티미터를 넘어가는 경우도 많지 않다. 남성형 다꼬는 대체로 옆 사람에게 발바닥을 정면으로 들이밀며 보통 자세로 앉았을 경우보다 오히려 더 많은 공간을 차지하는 공격적인 자세가 된다.

다리 꼬기 ⓒ 김은영

　　이런 점들을 감안하면 쩍벌남과 다꼬녀를 대비시킴으로써 균
형을 맞춘다는 것은 성립하기 어렵다. 남자가 쩍벌, 여자는 다꼬
가 아니다. 오히려 남자가 쩍벌로도 모자라서 다꼬까지 하는 셈이
다. 혹은 그 다꼬마저 쩍벌이라고 할 수도 있다. 그럼에도 불구하
고 구태여 다꼬녀라는 비유를 어떻게든 만들어 내는 저변에는 지
하철 민폐의 지분을 절반씩 나눠 가지면서 남자나 여자나 다 마
찬가지라고 말하고 싶은, 그럼으로써 불평등을 인정하지 않으려
는 심리가 반영된 것이다. 이런 마음으로 성차별이 하나하나 개선
되어가는 현상을 바라보면 이 모든 것이 '역차별'로 보일 수밖에
없다. 그들을 비난할 수 없다. 그들은 불평등한 세상을 오히려 자
연스러운 것으로 여기게 만드는 코드로 가득한 세상을 살아왔고,
여성이 실제로 어떤 불평등한 삶을 살고 있는지 보지 못했기 때문
이다.

남성에게 절실한 페미니즘 교육

따라서 페미니즘 교육은 여성뿐 아니라 남성에게 필요하다. 여성은 세상의 절반이지만, 남성도 세상의 절반이다. 여성만 페미니즘 교육을 받아서는 불평등한 세상을 바로잡을 수 없다. 나머지 절반을 차지하는 남성, 더구나 그들이 기득권자임을 고려하면 이미 세상의 반을 차지하는 남성 중 여성의 목소리에 귀를 기울이고, 그들의 요구에 동조할 사람을 상당수 만들어내지 않는 한, 여성만의 각성과 단결만으로는 세상이 바뀌지 않는다.

머릿수에서 훨씬 유리한 위치에 있었던 농민이나 노동자 계급조차 지배계급 일부가 동조하지 않는 한 투쟁에서 유리한 결과를 얻어내지 못했다. 그래서 노동계급의 예술이 '사실주의'를 지향했다. 사실주의 예술 작품들은 노동자가 자신들의 참상을 깨닫고 분노하라고 만든 것이 아니다. 노동자가 비참한 처지를 깨닫기 위해 굳이 문학이나 연극 작품을 감상할 필요가 있을까? 사실주의 연극의 관객, 문학 독자 중 실제 노동계급이 있기나 했을까? 사실주의 예술의 목적은 노동계급이 아니라 부르주아나 소부르주아 계급에서 노동계급의 현실에 눈뜨고 그들의 주장에 동조하는 사람을 끌어내는 역할을 했다.

그런데 여성에게 정당한 권리를 찾아 주기 위한 싸움에서 도전해야 하는 상대는 자본주의보다도 수백 배 더 오래된 뿌리를 가지고 있는 가부장제다. 가부장제는 시대를 종단하고 지역을 횡단하며 깊고 넓게 뿌리 박혀 있으며, 무엇보다도 인류라고 부르는 가치체계를 이루기 때문에 자본주의보다 훨씬 '자연스러울' 뿐 아니라 '도덕적이고 올바른 것'으로 받아들여진다. 따라서 이 세상의 마지막 불평등을 바로잡으려면 남성의 각성을 일으키고, 그들을 동조하도록 하는 과정이 필수적이다.

사람의 모든 후천적인 지식과 태도는 교육을 통해 획득된다. 따라서 가부장제의 낡은 잔재를 밀어내고 여성이 온전한 사람으로 대우받는 세상을 만들려면 남성에게 페미니즘 교육이 필요한 것이다. 이 교육은 남성들에게 그동안 은폐되어 보이지 않았던 여성의 어려움을 보고 느끼게 하며, 그동안 자연스러운 것, 당연한 것으로 여겨 왔던 것들이 사실은 엄청나게 기울어진 것이었음을 깨닫게 하는 그런 교육이 될 것이다.

이 교육의 목표는 남성을 페미니스트로 만들어 운동에 동참하게 하는 것이 아니다. 보지 못했던 것을 보고, 느끼지 못했던 것을 느끼게 하는 것만으로도 충분하다. 비유하자면 지하철에서 다리를 꼬는 여자를 보며 짜증을 내는 대신 그동안 여성들이 의식적으로 다리를 붙이고 앉아 왔음을 알게 하고, 자연스럽게 앉았다고 생각했던 자신들의 자세가 크건 작건 '쩍벌'이었음을 알게 하는 것이다. 여성이 원하는 것은 지하철 좌석을 더 넓게 차지하겠다는 것이 아니라 적어도 당연히 누려야 할 40센티미터라도 동등하게 차지하게 해 달라는 것임을 깨닫게 하는 것이다.

이 정도 수준의 생각이라도 하는 남성이 늘어나면 페미니즘에 동조하는 남성의 위상도 달라질 것이다. 페미니즘에 동조한다는 것이 꼭 "나는 페미니스트다."라고 말하는 것은 아니다. 다만 여성의 권리 주장을 이해하고, 이를 위해 기꺼이 자신이 자연스럽게 누려왔던 것들이 특권이었음을 인정하고 양보할 태도를 갖추는 것이다.

그동안 남성 사회에서는 이 정도의 생각도 드러내기 쉽지 않았다. 자기들이 누리는 것이 특권이 아니라 자연스러운 것, 당연한 것으로 생각하는 사람이 다수인 상황에서는 비정상을 정상화하려는 남성의 행동, 또 그렇게 하자는 제안이 도리어 비정상적으로 보였다. 심할 때는 여성의 환심을 사기 위해 남성의 권리를 포기하려 한다는 비웃음까지 사야 했다.

하지만 페미니즘 교육을 제대로 하면 이러한 왜곡된 분위기도 바로잡을 수 있다. 그리고 그 교육은 되도록 남성의 기득권이 자연스럽게 느껴질 정도로 충분히 누리기 전, 즉 어린 시절부터 해야 한다. 50대 남자 교사가 말하는 페미니즘은 여성에게 심지어 페미니즘에 대해 맨스플레인 하는 것이 아니다. 남학생들을 상대로 하는 것이다.

■

남자라면 분노?
- 미국의 중산층은 어쩌다가
  트럼프를 지지하게 되었을까?

성 대결이 되어 버린 2020년 미국 선거

온 세계를 떠들썩하게 만들었던 2020년 미국 대통령 선거를 돌아보면 그 선거가 치러졌다는 자체가 불가사의하게 느껴진다. 바이든이 막판에 아슬아슬하게 역전하여 당선되기는 했지만, 아슬아슬했다는 자체가 이미 심각한 질문거리를 던진다. 도널드 트럼프는 역대 미국 대통령 및 대통령 후보 중 가장 약체였기 때문이다. 수많은 여성 관련 스캔들, 재임 중 코로나바이러스의 창궐, 심지어 본인과 가족, 보좌관들의 연쇄적인 코로나 감염, 탈세 의혹, 러시아와의 내통 의혹 등 악재가 너무 많아 거론하기가 어려울 정도다. 미국은 에드워드 케네디, 게리 하트 등 유명한 정치인이 이런 유형의 악재 중 한두 개만으로도 대통령은커녕 대통령 후보 예비 경선에서 탈락할 정도로 지도자의 도덕성에 민감한 나라였다. 그런데 이렇게 악재를 한 트럭이나 달고도 트럼프는 무려 88시간이나 개표한 끝에야 겨우 승부의 가닥이 잡힐 정도로 끈질기게 버텼다.

트럼프가 역시 스캔들 덩어리였음에도 불구하고 유능함 때문에 살아남은 빌 클린턴 같은 인물이냐 하면 그것도 아니다. 트럼프는 어느 모로 보나 전혀 대통령감으로는 보이지 않는, 아니 대통령감은커녕 시정잡배라 불러 마땅한 인물이다. 이런 인물에게 이토록 많은 지지표가 모여든 까닭은 무엇일까? 심지어 "트럼프는 갔지만 트럼피즘은 남아 있다."며 트럼프가 아니더라도 그 비슷한 인물이 또 등장하여 다음 선거마저 불안하게 만드는 까닭은 무엇일까?

그것은 바로 남성의 높은 지지율 때문이다. 트럼프는 2016년 선거 때 남성 지지율에서 여성인 클린턴 후보를 12% 앞섰고, 이를 바탕으로 아슬아슬하게 대통령에 당선되었다. 미국 남성의 트럼프 지지율은 그가 첫 임기 4년간 저지르고 던져 댔던 수많은 실정과 폭언에도 불구하고 거의 떨어지지 않았다. 심지어 상대 후보가 남성인 바이든이었음에도 미국 남성은 바이든보다 트럼프에게 5% 이상 많은 표를 주었다. 그 대상을 백인 남성으로 좁히면 트럼프가 바이든을 압도할 정도다. 바이든이 트럼프를 간신히 누르고 당선된 힘은 여성의 지지율이 트럼프보다 20% 이상 높았기 때문이다. 한마디로 미국 여성이 온 힘을 다해 트럼프를 떨어뜨린 것바이든을 당선시켰다기보다는이 2020년 미국 대통령 선거다.

분노한 남성들

미국 백인 남성이 트럼프를 이토록 열렬히 지지하는 이유를이성적으로는 설명할 수 없다. 트럼프는 전통적인 '남성'의 가치관을 대변하는 인물이 아니기 때문이다. 중요한 순간에는 꼬리를 말고, 했던 말도 번복하며, 늘 남 탓과 변명으로 일관하는 트럼프는 작고 한 존 매케인 의원이나 직설적이고 시원한 성격의 크리스 크리스티 같은 공화당 정치인과 비교하면 "싸나이"는커녕 "찐따"에 가깝다. 트럼프는 남성적인 가치를 대표하여 지지를 받은 것이 아니다. 백인 남성 사이에 퍼져 있던 어떤 특정한 감정선을 자극했기 때문에 지지를 끌어모은 것이다. 그것은 감정의 문제기 때문에 지지할 만한 이유가 있건 없건 따질 필요가 없다. 그 감정은 단 하나다.

"분노하라!"

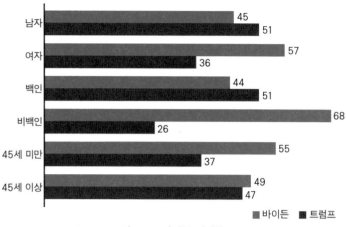

트럼프 VS 바이든 지지율

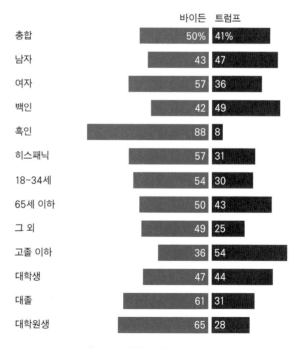

트럼프 VS 바이든 지지율 세부 분석

이 감정에 호응했고 이 감정을 자극했기 때문에 트럼프를 향한 백인 남성의 지지는 논리적인 설명과 논파, 그리고 각종 스캔들과 추문 폭로 따위에 흔들리지 않았다. 분노한 군중에게는 이 모든 것이 다만 "가짜 뉴스이며 추잡한 공작"이라고 우기기만 하면 되는 것이다. 그래서 트럼프가 가장 많이 사용한 용어 중 하나가 바로 "기레기Fake News"다. 이는 2016년 공화당 예비 경선에서 유력한 후보로 떠오르다 스캔들 한 건으로 재기 불능 상태가 되어 버린 크리스 크리스티의 경우와 매우 대조적인 모습이다.

그렇다면 여기서 질문을 던져 보자. 그들은 대체 왜 그토록, 그리고 무엇에 분노했을까? 트럼프 지지층을 좀 더 세분하여 대학 졸업 여부라는 변수를 새로 투입하면 그 윤곽이 드러난다. 같은 백인이라도 대학 졸업 이상의 학력을 가진 경우에는 트럼프 지지율이 뚝 떨어지며 학력이 높아질수록 트럼프 지지율은 기하급수적으로 떨어진다. 반대로 대학 졸업 이하의 백인, 특히 남성의 트럼프 지지율은 거의 팬덤 수준이다.

그런데 미국의 대졸 이하 학력의 백인 남성은 원래 하나의 범주로 묶일 만큼 같은 집단이 아니다. 농촌과 도시가 다르며, 동부 해안과 중서부, 남부가 다르다. 특히 미국 중부와 남부에서 농업에 종사하는 백인 남성과 동북부에서 제조업에 종사하는 백인 남성 간의 차이는 매우 크다.

미국 중부, 남부에서 농업에 종사하는 백인 남성을 흔히 목덜미가 햇볕에 그을었다는 의미에서 '레드 넥'이라 부른다. 물론 정치적으로 올바른 표현은 아니며, 지역 비하 표현이니 함부로 사용해서는 안 되는 말이긴 하다. 이들은 대체로 보수적이며 가부장적인 성향이 강하다. 개신교 교리와 전통을 중요하게 생각하며 중앙 정부를 불신하고, 가정과 마을 공동체의 자치를 중요하게 한다. 이들은 자기들이 "싸나이"라는 점을 강조하며, 자기들이 대학을 못 간 것이 아니라 안 갔다고 생각한다.

이들은 트럼프 이전부터도 공화당의 굳건한 지지층이었다. 그전인 부시와 매케인에게도 몰표를 던져 주었다. 이들이 공화당을 지지하는 까닭은 공화당이 좋아서가 아니라 민주당이 싫어서다. 1960년대 이전까지만 해도 이들은 민주당을 지지했다. 애초에 민주당 자체가 남북전쟁에서 패배한 남부 백인의 지지를 바탕으로 만들어진 당이며 심지어 KKK단과 관련 있는 당이기도 했다. 인종차별과 여혐으로 악명 높았던 앤드루 잭슨, 우드로 윌슨 같은 대통령이 다 민주당 출신이다. 그런데 지금 미국 민주당은 진보 성향이 강한 정당이며 우리나라 더불어민주당보다 훨씬 왼쪽에 가 있다. 그러니 레드 넥들이 보기에 민주당은 완전히 배신자다. 이들은 민주당이 "깜둥이와 계집아이들과 게이들" 혹은 계집아이들 같은 샌님들에게 넘어갔다고 생각한다.

그런데 레드 넥 관점에서는 트럼프도 썩 훌륭한 후보가 아니다. 보수적인 개신교의 가치와 어긋나는 언행을 대놓고 하며, 지역사회 공동체와는 상극인 부동산 개발자다. 게다가 반공주의자의 눈에 러시아와 커넥션이 의심되는 트럼프는 최악의 대통령일 수 있다. 그런데도 이들은 민주당 후보의 당선을 막기 위해 마지못해 트럼프를 지지했다. 민주당 후보가 "건방진 여자" 힐러리 클린턴이라면 더 말할 나위도 없다.

　마지못해 트럼프를 지지한 레드 넥과 다른 대졸 이하 백인 남성 집단으로 펜실베이니아, 위스콘신, 미시간, 아이오와 등 오대호 근방의 공업지역에는 제조업에 종사하는 정규직 노동자가 있다. 이들은 대부분 노동조합에 가입해 있고, 전통적으로 민주당의 굳건한 지지기반을 이루었다. 대졸 이하 학력이라고 무시하면 안 된다. 원래 미국은 우리나라처럼 굳이 대학에 진학하는 나라가 아니다. 오히려 고등학교를 마친 뒤 일터에서 경험을 쌓아 정규직 노동자가 되거나 창업하는 것이 전형적인 미국 중산층의 모습이었다.

　1960~70년대를 상징하는 단란한 중산층 가정의 이미지아버지는 일터에서 돌아오고, 어머니는 식사를 준비하고, 아이들이 아버지를 환영하는 속의 아버지는 대졸 사무직 노동자가 아니라 고졸 생산직 노동자다. 큰 공장에서 정규직 일자리를 잡으면 가장으로서 가족을 부양할 수 있는 시대가 있었다. 이들은 노동조합으로 뭉쳐 있었고, 민주당은 이 정규직 생산직 노동조합과 교원단체라는 양대 조직을 가장 확실한 지지기반으로 삼는 정당이었다.

　그런데 바로 이 공업지역의 백인 남성 노동자, 즉 민주당의 표밭이나 다름없었던 이들 사이에서 트럼프 현상이 불타올랐다. 민주당이 싫어서 공화당을 찍다 보니 트럼프를 찍은 남부 백인과 달리 이들은 민주당도 공화당도 다 싫은 사람들이다. 이들은 다만 트럼프를 지지했을 뿐이다. 바로 이들이 세계를 뒤흔든 그리고 아직도 해결되지 않은 트럼프 현상의 진원지였으며, 트럼프 이후에도 트럼프 같은 정치인의 등장을 걱정하게 만드는 원인 제공자다.

바로 이들이 분노한 남성이다. 이들은 정상이라고 여긴 삶의 기반이 너무 빠르고 철저하게 무너지고, 이를 자연스러운 변화 과정으로 받아들이지 못해 분노했다. 사람은 이해할 수 없는 어려움이 몰려올 때 분노한다. 특히 남자는 더욱더 분노한다이 근거는 107~121쪽 〈분노하기 전에 감정을 배워야 하는 남성〉의 내용을 참조하시길.

조짐은 1990년대부터 나타났다. 미국의 산업이 중후장대 제조업에서 첨단기술, 정보통신, 서비스, 금융 등으로 넘어가면서 이 지역 공장이 잇따라 문을 닫았다. 한때 세계의 공장이라 불렸던 이 지역에 남은 것은 녹슬어 가는 기계들, 그리고 안정적인 일자리를 잃어버린 노동자들이었다. 결국 이 지역은 녹슨 구역러스트 벨트이라는 별로 듣기 좋지 않은 이름으로 불리게 되었다. 이 지역의 백인 남성 노동자는 분노했고, 그 분노를 동원하는 데 성공한 트럼프의 새로운 지지층으로 떠올랐다. 트럼프는 이 지지를 바탕으로 클린턴 후보를 누르고 대통령에 당선되었으며, 바이든을 상대로도 우편 투표함 개봉 전까지는 거의 재선에 성공하는 것처럼 보였고, 우편 투표함을 개봉한 다음에도 오하이오, 인디애나 등에서는 큰 차이로 승리했다.

그동안 조직된 노동조합은 언제나 민주당의 든든한 지지 기반이었다. 불과 8년 전인 2012년만 해도 버락 오바마는 이 지역의 강력한 지지를 정치적 자산 삼아 압도적인 차이로 대통령에 당선되었다. 그런데 이런 든든한 지지 기반에서 오히려 트럼프가 많은 표를 획득했으니 민주당으로서는 두 배의 손실을 본 것이나 다름없었다.

이 러스트 벨트 지역 노동자들의 분노, 그리고 그 분노를 정치적으로 동원한 트럼프의 성공은 미국 민주당과 진보 성향을 당혹스럽게 만들었다. 그들은 아직도 이 문제의 해법을 찾지 못하고 있다. 그동안 진보는 분노를 정치적으로 동원하는 데 익숙했지, 분노에 맞서는 일에는 익숙하지 않았기 때문이다.

"이 세상의 질서가 마음에 들지 않는가? 그렇다면 분노하라! 싸우라! 바리케이드를 치라."

이것은 진보의 전형적인 슬로건이었다. 그동안 진보 세력이 "분노"를 동원하는 논리는 이랬다.

이 논리를 엉뚱하게 극우 정치인들이 동원하기 시작한 것이다. 논리 구조는 같은데, 다만 분노의 대상에 부자나 자본가 대신 여성, 성 소수자, 소수민족을 집어넣었다. 이성적으로 쉽사리 납득할 수 없는 논리다. 노동자들이여, 당신들의 삶이 어려워진 까닭은

러스트 벨트 지역

당신들의 몫이 여자, 게이, 흑인에게 갔기 때문이라고 한다면 그게 말이 되는가? 그렇다면 주변에 갑자기 잘 사는 여자, 게이, 흑인이 보여야 하는데, 그랬다면 그 지역이 녹슨 지역이 되었겠는가?

하지만 분노한 사람은 그런 합리적인 추론이 불가능하다. 그리고 러스트 벨트 지역의 실정은 차근차근 따지기 전에 일단 분노부터 할 만큼 심각했다. 그냥 분노가 아니라 절망과 분노 중 양자택일을 요구할 정도였다. 사람은 때로 화가 나서가 아니라 절망하는 것보다 나아서 분노하며, 너무도 절망했기 때문에 분노한다.

가령 세계 자동차의 수도로 불리기도 했던 산업 도시 디트로이트는 2000년대 들어 몰락에 몰락을 거듭하다 도시 규모가 한창 때의 4분의 1로 줄어들어 인구 60만 명의 중소도시가 되어 버렸다. 포드, GM, 크라이슬러 등 미국 자동차 메이저가 도요타, 폭스바겐은 물론 현대기아에게도 밀릴 정도로 몰락했기 때문이다. 그런데 자동차 산업은 연관된 밸류 체인이 매우 긴, 즉 자동차 부품과 관련해 수많은 협력업체가 일종의 공동체를 이룬다. 디트로이트의 자동차 산업이 무너지면서 이 체인에 연결된 온갖 유형의 제조업이 같이 무너졌다.

디트로이트 외에도 이 지역 도시는 하나 같이 이런 어두운 모양을 하고 있다. 이 지역에서는 곳곳에 텅 빈 빌딩이 흉물스럽게 늘어서 있고, 도시 예산이 부족하여 도로, 가로등 등이 낡은 채 방치된 모습을 흔히 찾아볼 수 있다. 더구나 이런 현상이 현재 진행형이며, 개선의 여지도 잘 보이지 않는다.

그중에는 피츠버그처럼 기적적으로 도시 재생에 성공한 곳도 있지만, 대부분은 그런 행운을 얻지 못했다. 도시 재생에 성공했다는 평가를 받는 피츠버그 역시 과거의 영광스러운 시절에 비하면 많이 위축된 모습이다.

제조업이 왜 이렇게 몰락했을까? FTA로 대표되는 세계화, 정보화, 그리고 중국과 베트남의 개혁개방 정책 때문이다. 경제가 글로벌화되면서 주요 기업 중에 본사나 연구개발 센터만 미국에 두고 공장을 임금이 싼 중국, 베트남, 인도 등으로 이전해 버리거나 제조 자체를 그 지역 기업에 위탁하는 경우가 늘어났다. 더구나 IT 혁명 덕분에 본사, 연구소, 공장, 마케팅 본부가 서로 수천 킬로미터 떨어진 다른 나라에 흩어져도 실시간 경영이 가능해졌다. 이런 변화에 적응하지 못한 기업은 높은 임금과 고정성 경비 때문에 경쟁력을 상실하면서 도태되거나 다른 나라로 이전했다.

일자리를 잃어버리거나 더 열악한 일자리로 밀려난 제조업 노동자가 늘어났다. 이들은 미국 중산층의 몸통 역할을 해 왔으며, 아버지였다. 미국은 제조업 노동자가 느끼는 자부심이 아주 강한 나라였다. 금융인이나 변호사 같은 전문 직종과는 비교할 수 없지만, 대부분의 일반적인 화이트칼라 노동자와 숙련된 제조업 정규직 노동자남성일 경우의 소득 차이가 그렇게 크지 않았고, 오히려 제조업 노동자의 소득이 더 높은 경우도 많았다. 그래서 대학 진학을 굳이 희망하지 않는 경우도 많았다.

튼튼한 남자라면 고등학교 졸업식을 할 때는 이미 직장이나 진학이 결정되어 있어야 하고, 졸업 파티에서 반려자를 만나 결혼해 가정을 꾸리는 것이 마치 관행처럼 이어져 내려왔다. 지금은 러스트 벨트로 전락하고 말았지만, 늘 넘치는 일자리를 제공했던 이 지역은 미국 중산층의 산실이자 상징이었다. 그랬던 지역이 무너진 것이다. 미국의 허리를 이루고 있다는 자부심은 그 자리에서 강제로 끌려내려 오면서 고스란히 강렬한 분노의 불길을 일으키는 연료가 되었다.

상처받은 "싸나이"

하지만 일자리를 잃어버리고 전락했다면 자기들을 버리고 공장문을 닫은 기업가를 향해 분노할 일이지 왜 여성을 향해 분노를 쏟아냈을까? 가설을 하나 던져 본다면 이 제조업 노동자들이 느낀 자부심의 근원이 '노동자'에 있는 것이 아니라 "싸나이lads"에 있었기 때문이다.

폴 윌리스의 《학교와 계급 재생산》김찬호·김영훈 옮김, 이매진, 2014에 노동계급의 이 "싸나이 자존심"이 형성되는 과정, 그리고 그 허상에 관해 잘 나와 있다. 결국 이 자존심은 세상에 실질적인 힘이 되는 일을 한다는 유의 자존심이 아니라 여성을 상대로 우월감을 느끼는 마치시모Machisimo의 일종이었다.

1970~80년대 미국에서는 노동계급 소년의 상당수가 교사의 지시에 순응하는 것을 수치스럽게 여기는 하위문화 속에서 살아갔다. 미국에서 '모범생'은 우리나라에서 사용되는 것보다 훨씬 치욕적인 의미를 담고 있었다. 이는 교사가 주로 여성이라는 점과 무관하지 않다. '모범생'과 '쿨한' 학생의 대비가 여학생보다는 주

로 남학생에게 통용되는 것에서도 추론할 수 있다. 실제로 교사에게 순응하는 소년은 엄마 치마폭을 벗어나지 못하는 마마보이와 비슷한 취급을 받았다.

영미권 노동계급 특유의 "문제 학생 선망" 문화가 이런 식으로 만들어졌다. 착실하고 성취가 높은 학생은 인기가 없거나 따돌림의 대상이 되기 쉽다. 마크 트웨인의 《톰 소여의 모험》, 《허클베리 핀》은 문제아 선망의 원형을 보여 준다. 여기서 허클베리 핀은 여자 어른인 이모에게 복종하려는 톰 소여에게 반항의 용기를 불어넣는 싸나이의 정령 같은 역할을 한다.

문제는 이 "싸나이 문화"가 학업 성취에 방해된다는 것이다. 결국 노동계급 소년들은 싸나이 행세하다가 그만 학업 성취에 실패하고 만다. 학업 성취에 실패했기 때문에 노동계급을 벗어나지 못하게 되지만, 그들은 자기가 실패했다고 인정하지 않는다. 정신승리라 불러도 좋고, 신포도 이론이라고 불러도 좋지만, 하여튼 이들은 자기네는 실패한 것이 아니라 지식노동자, 금융인과 같은 "계집애 같은 것들"이 되지 않았다며 스스로 우쭐해하는 쪽을 선택한다. 실패한 것이 아니라 스스로 싸나이다운 일을 선택했다는 것이다. 이렇게 믿음으로써 고등학교 졸업과 동시에 모범생보다 낮은 사회경제적 지위에 서게 되어 상처받은 자존심을 달랜다.

아직도 대다수 미국 공립학교에서 또래에게 긍정적인 인상을 남기는 인기 있는 남학생은 공부 잘하는 학생이 아니다. 공부는 웬만큼 하면서 적당히 일탈도 하고 무엇보다 운동을 잘하며, 조금은 거친 말과 행동을 하는 남학생이 인기 많다. 이들은 자신들의 거친 문화를 자랑스럽게 여기고 우월감을 공유하며, 때때로 계집애 같은 우등생들에게 학교폭력Bullying을 가함으로써 싸나이의 동질감을 확인한다.

미국 서민 문화대학을 졸업한 지식 노동자, 화이트칼라 바로 아래층에는 곳곳에 이런 남성 중심 문화와 그 잔재가 자리 잡고 있다. 미국에서 친구들 사이에 "네가 최고야."라는 의미로 쓰는 말이 바로 "You are the Man."이다. 그리고 아직도 상대방을 약하다고 비웃을 때 거침없이 "Like a girl."이라는 표현을 쓰기도 한다. 심지어 이 표현은 여자도 자주 사용한다.

미국의 최장수 애니메이션 시리즈인 〈심슨 가족〉은 이런 남성 중심적 미국 노동자 중산층의 일상생활을 비틀거나 과장해서, 하지만 매우 날카롭고 적나라하게 풍자한다. 심슨 가족은 호머 심슨과 그 아내인 마지 심슨, 이들의 아들인 바트, 딸인 리사, 매기 이렇게 다섯이며, 여기에 호머 심슨의 아버지, 마지 심슨의 언니들이 자주 등장한다.

고졸 학력에 블루칼라 노동자인 호머 심슨은 러스트 벨트의 분노한 남성 노동자의 전형을 보여 주는 인물이다. 실제로 그는 종종 분노하는 모습을 보여 준다. 심슨 가족은 철저한 가부장제로 움직인다. 가부장인 호머는 가사노동을 전혀 하지 않는다. 이 만화에는 여성을 분통 터지게 하는 장면이 끝없이 쏟아진다. 이 만화의 작가가 이른바 '여혐'한 것이 아니다. 미국 사회의 한 단면을 신랄하게 풍자했을 뿐이다.

그런데 여기서 더욱 분통 터지는 설정은 그런 호머의 고등학교 동창인 아내 마지가 학창 시절 호머보다 훨씬 우수한 학생이었다는 것이다. 그럼에도 불구하고 마지는 대학 진학도, 회사 취직도 다 포기하고 애를 셋이나 낳고 전업주부로 살아간다. 게다가 자신이 남편보다 훨씬 현명하고 유능함에도 불구하고 집안 온갖 대소사의 최종 판단을 남편의 몫으로 돌리며 복종한다. 이 시리즈의 스토리를 이어가는 기본 모티브가 호머가 '가부장'의 권위를 내세우며 어거지로 내린 어리석은 결정에서 비롯되는 각종 소동이다.

아들 바트 역시 부전자전. 바트는 누이동생인 리사보다 훨씬 멍청하고, 무식하며, 심지어 이를 스스로 인정한다. 초등학교 4학년인 바트는 2학년인 리사보다 아는 게 더 적고, 당연히 낙제 위기를 오가며 위태로운 학교생활을 하지만 전혀 개의치 않는다. 소문난 사고뭉치며 남을 골탕 먹이고 짓궂은 장난을 즐기는 이른바 "싸나이 문화"의 화신이다.

안타깝지만 현실 세계에서 바트 같은 아이들의 장래는 밝지 않으며, 앞으로 더욱 어두워질 것이다. 1980년대까지만 해도 이렇게 자라다가 고졸 학력으로 노동자가 된 남성은 적당한 직장을 잡아 적당한 월급을 받으면서 퇴근 후 가정에서 누리는 권력, 그리고 '갑질'을 통해 자신의 존재 가치와 존엄을 유지했다. 이들은 "계집애 같은 것들"에게 느끼는 경제적, 사회적 지위의 열등감을 자신들의 "싸나이다움"을 과시함으로써 풀었다. 펍과 같은 싸나이만의 공간에서 하위문화를 만끽하고, 집에서 가부장으로 군림할 수만 있다면 어느 정도의 소득 격차는 아무래도 좋았다.

하지만 1990년대 들어 상황이 달라졌다. 우선 격차가 엄청나게 커졌다. 더구나 전통적인 제조업이 몰락하면서 이들은 월급을 좀 적게 받는 정도가 아니라 아예 실업자로 전락하게 되었다. 이들은 분노했다. 이들이 보기에는 세상이 영 잘못됐다. 미국적 가치를 상징하는 사람들즉 자기네 같은 남성 노동자이 몰락하고 "계집애 같은 것들"만 잘나가고 있다. 심지어 계집에 같은 것들도 아니고, 아예 "계집애"들이 자리를 차지하고 있다.

물론 분노의 방향이 완전히 틀렸다. 실제로는 "계집애"들 역시 이 잘못된 세상의 피해자였기 때문이다. 오히려 산업 구조조정에서 가장 큰 피해를 본 집단은 싸나이가 아니라 여성 노동자였다. 남성 노동자는 그나마 노동조합과 전미산업연맹이라는 비빌 언덕이라도 있었지만 주로 서비스업에 종사하던 수많은 여성 노동자는 자동화와 산업 구조조정의 여파를 거의 여과 없이 맞았다. 그런데도 남성 노동자들은 월 스트리트의 "계집애 같은 것들"에게 느끼는 온갖 열등감과 원한을 "같은"을 빼고 "계집애들"에게 돌렸다.

그런데 이런 식의 주장이 먹혀들었다. 여자들이 페미니즘이네 뭐네 하면서 들고 일어나고 여자들의 환심이나 사려 하는 화이트칼라와 정치인들이 그런 주장을 받아들이면서 세상이 점점 여자 중심으로 바뀌고 있다는 믿음이 확산한 것이다. 이 믿음은 싸나이들이 나서서 여자 꽁무니나 쫓아다니는 화이트칼라와 정치인들을 혼내 주어야 한다는 식의 주장으로 발전한다. 이들은 민주당은 물론 말쑥한 차림으로 신사적으로 행동하는 공화당의 보수파 정치인들 역시 싸나이로 인정하지 않는다 진짜 싸나이는 거친 말과 거침없는 행동을 하는 트럼프 혹은 그와 비슷한 누군가다.

■

오래 된 원한
- 가부장제 몰락의 원인은 무엇일까?

흔들리는 가장의 지위

러스트 벨트의 남성 노동자가 여성에게 분노하고 원한을 느낀 것은 1990년대 이후 나타난 현상이 아니다. 분노의 뿌리는 적어도 1970년대까지 거슬러 올라간다. 이 무렵은 페미니즘의 2차 물결과 함께 여성의 사회적 진출이 활발해진 시기다. 그렇다고 여성이 고용 시장에서 남성과 동등한 대우를 받는다거나, 직장에서 온당한 처우를 누린 것은 아니었다. 비슷한 일을 하면서도 보수 차이가 나는 경우도 많았고, 승진 등에서 불이익을 겪는 '유리천장'도 일반적이었다.

그럼에도 불구하고 백인 정규직 노동계급 남성이 누리던 가장 강고한 지위, 가정의 유일한 혹은 유력한 소득원이라는 이유로 누리던 '가장'의 지위가 흔들리게 되었다는 것이 중요하다. 백인 남성 노동자가 가정에서 절대적인 지위를 누리지 못하게 된 것이다.

그동안 '남자일', '여자일'로 쳐 놓은 장벽이 점점 낮아지면서 이른바 남자 일자리에 여성이 진출하는 예도 늘어났다. 더구나 이 여성들은 직장에서도 기존의 남성 노동자보다 더 나으면 나았지 결코 못 하지 않은 업무 능력을 보여 주었다. 공장의 생산과정이 자동화, 전자화되면서 생산과정에서 남성 노동자의 억센 힘도 점점 필요 없어졌다. 갈수록 일자리가 "계집애 같아"졌다.

1970년대가 남성의 지위를 흔든 또 다른 결정적인 계기는 다름 아닌 피임과 낙태다. 피임과 낙태는 임신과 출산에 관한 여성의 자기 결정권 확대를 뜻하기 때문이다. '가장'은 자기 아내를 마음대로 임신시킬 수 없게 되었다. 콘돔과 달리 경구 피임약은 피임의 주도권을 완전히 여성에게 옮겨 놓았고, 링, 루프 같은 이전의 여성 피임법에 비해 훨씬 간편하고, 무엇보다도 여성이 피임하는지 안 하는지 남성이 알 수 없다.

임신과 출산은 그동안 여성을 노동시장에서 강제로 이탈시키고 남성과의 경쟁에서 뒤떨어지게 만드는 강력한 무기였다. 심지어 1990년대까지도 임신과 동시에 퇴사하는 여성 노동자를 쉽게 찾아볼 수 있었다. 임신과 육아 부담이 크게 줄어들었다는 것은 이를 빌미로 여성을 일자리에서 밀어낼 수 없게 되었음을 뜻한다. 이렇게 되면서 남성 노동자는 여성 노동자와 그야말로 실력으로 경쟁해야 하는 상황에 부닥치게 되었다.

그런데 일자리가 점점 "계집애 같아"지고 있어서 기존의 "싸나이"들에게 이 경쟁이 점점 어려워졌다. 이들은 변하는 노동에 자신을 적응시키기보다는 이 모든 것이 극성스러운 페미니스트 때문이며, 그들의 비위를 맞추는 정치가 때문이라고 생각하는 편을 택했다. 그러면서 "계집애들"이 자기네를 일자리에서 밀어낸다는 분노가 자라기 시작했다.

이런 상황은 남성이 가정에서 '가장'이라는 지위를 당연하게 주장하지 못하게 만들었다. 사실 '가장'이라는 것은 봉건 시대의 흔적이다. 봉건 시대에는 가신이 죽으면 군주가 그 후손이나 친척 중에 '가장'을 지정했다. 즉 가장은 가족의 장이 아니라 그 가족이 분봉 받은 영지의 장으로 한 마을의 생계를 책임지는 자리였다.

봉건 영주가 아니더라도 대가족이 일반적이던 전통사회에서 '가족'이란 웬만한 마을이나 다름없는 규모였다. 집성촌이 많던 시절 가장은 사실상 '촌주'와 같은 개념이었다. 그런데 봉건제도와 대가족이 사라지고 핵가족이 일반화된 이후 사실상 의미 없어진 '가장'은 개념과 권위라는 형태로 명맥을 유지해 왔다. 가족이 서너 명밖에 안 되는 핵가족에서도 아버지가 그 몇 안 되는 가족 위에서 당연직으로 '가장'이라는 권위를 누려 왔다.

봉건제도는 사라졌지만 여전히 가정이라는 영지가 남았다. 민주주의와 함께 영토를 다스리는 영주는 사라졌지만 가정이라는 영지의 영주인 남성은 남았다. 그렇다면 가정의 여성은 마지막 농노인 셈이다. 1970년대는 가장이 그 마지막 영지를 상실하는 위기의 시대였다.

영지를 상실할 위기에 처한 봉건 귀족은 격렬하게 저항하기 마련이다. 일본 역사에서 메이지 유신 이후 세이난 전쟁을 일으키며 저항한 마지막 사무라이들처럼. 그 초조함과 분노가 1970년대 미국 백인 남성 노동자 사이에서 스멀스멀 자라났다. 이들은 "계집애들"이 마침내 자기네 일자리를 빼앗고, 일자리를 계집애처럼 만들고, 집안에서도 큰소리를 치고, 무엇보다도 자기들한테서 "남자다움"을 거세한다고 여기게 되었다.

이 초조함의 계기는 가정과 일터, 일상생활에서 끊임없이 나타났다. 근대화 이후에도 기사 계급의 가치관과 행동을 고집하면 《돈키호테》와 같이 풍자와 조롱의 대상이 되는 것처럼, 이 분노한 남성의 모습에는 희비극적 요소가 섞여 있다. 남자만 모여 있던 일터, 혹은 부수적인 역할을 하는 여성 노동자 한두 명만 있던 일터와 남성만큼이나 많은 여성이 들어와 같이 일해야 하는 일터에서의 행동규범은 달라질 수밖에 없다. 이건 거세가 아니라 예의의 문제다.

하지만 이는 남자를 이전보다 불편하게 만든다. 남자끼리 있을 때는 아무 문제가 되지 않았고, 한두 명 보조적인 일을 하던 여자가 있을 때는 심지어 소소한 재미거리기도 했던 말과 행동에 이제 '성폭력', '성희롱' 등의 딱지가 붙게 되었다. 이제는 사무실에서 담배를 피워도 안 되고, 음담패설을 하며 같이 낄낄거려도 안 되고, 여성의 외모를 평가해도 안 되며, 여성 노동자를 "아가씨", "예쁜이" 따위로 불러도 안 되게 되었다.

물론 남성 노동자 중에는 그런 말과 행동을 함부로 해도 되었던 과거가 비정상적이고 야만적이었음을 깨닫는 사람도 있다. 하지만 대부분은 좋았던 시절이 가고, 계집애들 눈치나 봐야 하는 세상이 되었다며 투덜거리는 쪽에 선다. 대체로 일터에서 능력을 인정받고 성공하는 노동자보다는 일자리를 잃어버리거나 구조조정으로 설 자리 자체가 위태로워진 노동자가 투덜거리는 쪽에 선다.

이들은 그동안 남성만 사는 세상, 남성에게 맞춰진 세상을 세상의 기본 값으로 여기고 살아왔다. 또 "싸나이다움"을 위해 각종 예술 작품 감상이나 인문학적 성찰을 등한시 해 왔다. 기껏 감상해 봤자 "싸나이다운" 작품들을 보며 그 세계관을 더 공고히 했을 뿐이다. 그들은 남성에게 맞춰진 그 세상 이외의 세상을 상상한 경험도, 상상할 능력도 부족하다. 이런 사람들은 그동안의 비정상이 마땅히 돌아가고 회복되어야 할 정상, 정상화된 상황이 뭔가 잘못된 세상, 남성이 역차별받는 세상으로 느낀다. 그리하여 이들은 이러한 변화를 정상화가 아니라 상실로 여기며 자신들의 "남자다움"이 위협당하는 일로 여긴다.

○○ 때문이라는 파시즘의 시작

이때 선동의 목소리가 들린다. 상상력이 빈약한 사람들이 집단으로 빈곤의 나락으로 밀리며, 나아가 사회적으로 무력해지는 상황에 부닥칠 때, 이들은 선동가의 먹이가 되기 쉽다. 선동가는 이들에게 생각할 필요 없는 아주 쉬운 답을 던지기 때문이다.

"당신들은 문제없다. 문제는 모두 저 나쁜 ○○○ 때문이다."

이렇게 파시즘이 시작된다.

○○○이 무엇인가는 중요하지 않다. 어렵게 생각할 필요 없이 바로 책임을 전가할 대상이기만 하면 된다. 외국인이 될 수도 있고, 성 소수자가 될 수도 있고, 검찰이 될 수도 있으며, 여성이 될 수도 있다. 그리고 21세기 들어 가장 빈번하게 동원되는 파시즘은 이 책임을 외국인과 여성에게 뒤집어씌우는 것이다. 철저한 백인 사회를 이뤘던 유럽에서는 외국인에게 뒤집어씌우는 선동이 먹혀들었고, 태생적으로 다문화 국가인 미국에서는 외국인보다는 여성에게 뒤집어씌우는 쪽이 더 쉽게 먹혀들었다.

그들은 이 모든 변화를 진보리버럴 진영의 '정치적 올바름 Political correctness, PC' 때문이라고 소리친다. 이 정치적 올바름 때문에 백인이면서 중산층에 속하고, 개신교적 윤리를 간직한 남성의 자발적 공동체로 운영되던 미국이라는 사회가 위기에 처했다는 것이다. 여자들이 "집 밖으로 나오게" 되었다. 가정이 위기에 처했다. 가장의 권위가 무너졌다. 가장의 권위가 무너지면서 사회 곳곳에서 질서가 무너졌고, '폭도'들이 날뛰게 되었다. "암탉이 울면 집안이 망한다."는 사고방식은 동양에만 있었던 것이 아니다.

미국이 "계집애"처럼 되면서 진취적으로 도전하고 실패해도 징징거리지 않는 용감한 '남성적' 문화가 퇴조하고, 마치 엄마 치마폭에 매달리는 것처럼 정부에 손 벌리는 나약한 무리가 늘어났다. 그리고 이 나약한 패배자들에게 베푸는 온정적인 조치들은 한결같이 용감하고 근면한 백인+개신교+남성이 낸 세금에서 나온다. 진보가 집권하면 늘어나는 것은 세금이며, 그 과실을 따 먹으며 계집애들과 계집애 같은 것들의 목소리는 점점 더 커진다.

낙태 문제가 미국에서 그토록 첨예한 쟁점이 되는 까닭도 이 때문이다. 종교는 다만 드러난 이유에 불과하다. 미국 남성이 언제 그렇게 종교에 적극적으로 참여했다고? 그 배후에 깔린 동기는 임신과 출산에서 여성이 자기 결정권을 가지는 것에 대한 저항이다. 임신과 출산은 종족 번식의 과정이지만 다른 한편으로는 여성을 계속 집 안에 붙들어 매어 놓는 강력한 도구이기도 했기 때문이다. 그걸 드러내기 어려우니 종교, 윤리 이슈를 내세우는 것이다. 그 예로 "생명" 이슈와 연결되어 종교의 근본적인 윤리와 충돌할 여지가 큰 낙태와 달리 특별히 생명 이슈와 관련 없는 경구 피임약이 처음 시판될 때 종교와 윤리의 외피를 쓴 저항과 반감의 격렬함은 오늘날 낙태라는 이슈를 중심으로 일어나는 갈등과 비교할 수 없을 정도였다는 점을 들 수 있다.

보수 기독교단에서는 경구 피임약을 "음란한 발명"이라 부르며 비난했다. 성교와 임신의 필연적인 연결고리를 끊어 버리기 때문이다. 이는 그동안 '성욕'을 죄악으로 간주하며, 특히 여성의 성욕을 사실상 금지했던 빅토리아식 도덕의 종말을 뜻한다. 경구 피임약의 등장으로 성행위를 하더라도 임신하지 않는 것이 가능해졌다. 성교의 목적이 쾌락으로 바뀐 것이다. 여전히 이해하기 어렵다. 아니 어째서 쾌락을 위해 성교를 하면 안 된다는 것인가? 20세기 중반까지도 미국과 유럽의 근엄한 중산층 도덕에서 '남녀상열지사'는 '출산'이라는 성스러운 목적을 위해 할 수 없이 가져야 하는 필요악으로 취급했다. 가능하면 참아야 하며, 생각하거나 입에 담지도 말아야 했다.

그 중산층 도덕은 남성보다 여성에게 더 엄격했다. "남자는 늑대"라는 유의 사고방식이 동서양을 불문하고 통용되었다. 남성은 본능상 성적으로 타락하기 쉬우므로 그 상대방인 여성의 정숙함이 남성의 타락을 방지하는 열쇠라는 것이다. 이와 비슷한 이유로 여성의 정숙함을 남성의 타락한 욕망으로부터 보호하기 위한 필요악으로 타락한 여성의 존재, 즉 성매매가 정당화되었다.

그런데 여기서 정숙함이니 음란함이니 하는 것은 모두 핑계다. 본질은 임신에 대한 선택권, 즉 피임하느냐 마느냐의 주체가 남성에게 있느냐 여성에게 있느냐의 문제다. 빅토리아식 중산층 도덕에서 이는 철저히 남성의 권력이었다. 혼인이란 남성이 특정한 여성에게 자신의 욕구를 행사하고 임신시킬 수 있는 배타적인 권리다. 부부 사이의 성폭력을 인정한 역사는 매우 짧다. 여성은 남편이 임신시키고자 하면 이를 받아들여야 하며, 반대로 관계를 멀리하더라도 욕구불만을 느끼지 말아야 했다.

실제로 1960년대까지도 많은 여성은 임신, 출산, 육아 이외의 다른 인생 계획이 거의 없었다. 빅토리아 여왕이나 엘리자베스 여왕조차 젊은 시절의 대부분을 임신한 상태로 보냈다. 그런데 여성이 스스로 임신 가능성을 차단하게 만든 경구 피임약은 다만 임신 걱정 없이 성관계하는 것 이상의 가능성을 열었다. 이전에는 임신을 원하지 않으면 남편이 관계를 원할 때 거부하는 것 외에 없었다. 하지만 경구 피임약은 여성이 그런 어려움을 감수하지 않고도 임신에서 벗어날 수 있게 만들었다.

공동 책무로 바뀐 임신, 출산, 육아

이제 남편들은 아내를 임신시키려면 교섭해야 했다. 그리고 이는 여성에게만 전가되었던 임신, 출산, 육아가 남성과 여성 공동의 책무로 바뀌었음을 의미한다. 여성이 동의하지 않으면 임신하기가 어려워졌기 때문에 남성은 육아나 가사 중 일부를 분담하는 조건을 제시하거나, 여성의 사회 활동을 용인하는 등의 협상을 해야 한다. 이는 집에서는 남성이 가부장으로서 당연하게 누리던 권력의 축소를, 직장에서는 그동안 결혼하고 임신하면 알아서 사라져 주었던 여성과의 경쟁을 의미한다.

반발의 핵심은 여성이 집에 있지 않고 밖으로 나온다는 것이다. 밖에 나오면 일한다. 일하면 경제력을 갖추게 된다. 경제력을 갖추면 남성과 마찬가지로 자기실현 욕구를 가지게 된다. 물론 아이를 낳아서 기르는 일을 통해 자기실현을 할 수도 있다. 하지만 모든 여성이 그렇지는 않을 것이다. 반대로 남성 중에 바깥일보다 육아와 집안일에 보람을 느끼는 사람이 없으리란 법이 없다. 그동안 바깥을 선호하는 여성, 집안을 선호하는 남성은 모두 억압받았고 자기들이 원하지 않는 일을 강요받았다.

3차 산업혁명을 지나 논란의 여지는 있지만 4차 산업혁명 시대에 접어들었다. 이미 선진국을 중심으로 산업이 빠르게 서비스업 중심으로 재편되었다. 이렇게 되자 전형적인 남성적인 일자리는 줄어들거나 여자들도 얼마든지 할 수 있을 정도로 탈근육화되었다. 서비스업에서도 한동안 대결과 경쟁을 강조하면서 남성이 주도권을 잡았지만, 이 역시 빠르게 인공지능에 잠식당하고 있다. 오히려 새로운 일자리는 감정과 미적인 감성을 다루는 쪽에서 만들어지고 있다. "계집애 같은" 일자리만 늘어나고 있다. 그동안 여성은 삶에서 이런 영역을 진지하게 받아들여 왔기 때문에 남성보다 유리하다. 결국 산업 구조조정의 결과 남성은 실업자가 되고, 도리어 여성이 가족을 부양하는 경우가 점점 늘어나게 되었다. 남성은 가정의 유일한 소득원이 아닐 뿐 아니라 가장 유력한 소득원도 아니게 되었다.

■

분노하기 전에 감정을 배워야 하는 남성
– 어린 시절부터 맨박스에 갇히는 남자들

남자의 일과 여자의 일?

노동계급 남성이 여성에게 엉뚱한 분노를 터뜨리는 배경을 확인했다. 그것은 그동안 가장의 지위를 누리던 남성의 지위를 상실하면서 느끼게 된 불안이다. 그렇다면 왜 하필 백인 남성만 이토록 분노했을까? 흑인 남성은 가부장이 아니었다는 말인가?

놀랍게도 그 대답은 "그렇다"다. 남자는 밖에서 일하면서 가족을 부양하고, 이를 대가로 여성에게 재생산 노동을 전가하는 전형적인 가부장제는 백인 중산층 남성에게만 익숙했다. 흑인의 경우는 남자가 일하고 여자가 집안을 돌보는 가정이 오히려 드물었다. 흑인은 19세기부터 지금까지 줄곧 여성도 나가서 일해야만 가정이 유지되는 상황 속에서 살았다.

흑인 남성 중 감옥에 있는 숫자가 대학 재학 중인 숫자보다 많을 정도로 범죄 문제가 심각하기 때문이다. 아버지가 감옥에 가 있거나 총격 등으로 사망한 가정의 어린이 수는 이루 헤아릴 수 없을 정도로 많다. 미국 흑인 사회에서 '가장'이 여성인 것은 별로 낯선 풍경이 아니다. 적지 않은 흑인 가정, 어쩌면 절반이 넘을지도 모르는 흑인 가정이 특별한 직업 없이 이리저리 직장을 전전하는 아버지와 알뜰하게 일하며 가계를 책임지는 어머니로 구성되어 있다. 흑인 사회에서 '빅마마'라는 말이 자주 사용되는 까닭이다.

하지만 빅마마가 일터에서 받는 처우는 가혹했다. 이들의 노동은 대부분 일터에서 가계를 책임지는 '가장'의 노동으로 취급되지 않았다. 어쨌건 이들의 노동은 '여성 노동'이었으며, 여성 노동은 가계의 보조 수입이며 일종의 부업 정도로 취급받았다. 물론 임금 산정에서만 그랬다는 것이지 노동 강도가 그랬다는 것은 아니다. 노동 강도에서 이들의 노동은 결코 부업이 아니었다. 보조 수입 혹은 부업으로서 여성 노동은 다만 여성의 임금을 할인하기 위한 핑계일 뿐이었다.

여성이 남성과 동등한 업무를 수행함에도 어떤 형태로든 더 낮은 임금을 받도록 하는 구조가 아직 남아 있을 정도니 1970년대라면 더 말할 나위도 없었을 것이다. 심지어 개별 노동자뿐 아니라 어느 특정한 노동 분야, 직종 전체를 '여자 일'로 싸잡아서 임금을 할인하는 예도 있었다. 가령 유럽과 미국에서는 같은 공교육 종사자임에도 초등 교사가 중등 교사보다 열악한 대우를 받는 경우가 많았다. 유치원 교사의 경우도 마찬가지였다. 이는 학년이 내려갈수록 지식보다 돌봄의 이미지가 강해지고, 돌봄은 '여자 일'로 취급했기 때문이다. 간호사가 당당한 '전문 의료인'의 지위를 획득하는 과정도 순탄하지 않았다. 일본은 무려 2002년까지 이 직종 전체를 간호부看護婦라는 여성 명사로 불렀다. 직종 자체를 여성으로 취급한 것이다.

특히 흑인 여성은 이중의 억압과 모순을 경험해야 했다. 여성으로서 또 흑인으로서. 이런 성차별적 관행이 점점 '정상화'되어도 이것은 주로 백인 여성의 사회적 진출이 늘어나는 형태로 나타날 뿐이었다. 성차별적 관행이 점점 축소되면서 초등교육과 간호직에 종사하는 남성이 늘어나고, 반대로 '싸나이 일'에 종사하는 여성도 늘어났다. 그런데 '여자 일'에 종사하는 남성 중에는 흑인이 많았고, 남자일, 그리하여 주부의 부업이 아니라 남자와 동일 업무를 담당하면 동일 임금을 받는 일자리에 진출하는 여성은 주로 백인이 많았다.

그러니 가정과 직장에서 남성의 지위가 바뀌었다 하더라도 어차피 흑인 남성과는 거리가 먼 경우가 많았다. 아버지가 당연히 가정의 우두머리로서 권력과 권위를 행사하는 '가부장제'의 혜택은 주로 백인 남성의 이야기였다. 만약 가장 중요한 경제활동을 담당하는 가족 구성원이 어머니나 할머니 같이 여성이라면 구태여 아버지가 가장일 이유가 있을까? 소년 가장, 소녀 가장이라는 말에서 보듯, 이미 봉건 질서가 무너진 세상에서 가장이란 다만 가정의 주 소득원을 가리킬 뿐이다. 흑인은 가부장제가 무너지는 것에 그렇게 분노할 이유가 많지 않았다.

하지만 백인 남성의 경우는 달랐다. 그들은 그동안 남자라는 이유로 그리고 아버지라는 이유로 사회에서 또 가정에서 존중과 존경을 요구했고, 그런 것들을 늘 받으며 살아왔다. 그리고 그들은 그것을 특권이 아니라 마치 숨 쉬는 공기처럼 자연스럽게 여기고 살았다. 그런데 갑자기 그 공기가 줄어든 것이다. 백인 남성 '가부장'은 이렇게 바뀐 상황에 적응하지 못하고 그만 혼란에 빠지고 말았다. 직장에서는 난데없이 늘어나는 여자들 등쌀에 자꾸 행동의 제약을 받아야 하고, 심지어 집에서도 마음대로 할 수 없다. 아니 집에서 설 자리를 잃어 가고 있다.

우리나라에서도 1998년 이른바 IMF 시절에 지위를 상실해 가는 가부장의 탄식이 높았던 적이 있었다. 그리고 '한'의 민족답게 그 탄식은 소설 《아버지》김정현 지음, 문이당, 초판 1996 같은 신파극

이 베스트셀러가 되는 방식으로 나타났다. 곳곳에서 "가족 먹여 살리느라 뼈 빠지게 일하고 결국은 버림받는" 쓸쓸한 가장의 탄식이 넘쳐났다. 이 소설을 보며 그 신파적 눈물을 흘뿌렸던 독자 중에 여성, 특히 그 아버지의 딸이 과연 얼마나 공감했을지 의심스럽다. 마치 이 가장들이 가족을 위해 희생만 한 것처럼 생각하지만, 그건 그들의 생각일 뿐이다. 어쩌면 다른 가족의 희생과 헌신이 보이지 않고, 오직 자기만 희생한 것처럼 느끼는 것 자체가 가부장의 특권이다. 다른 가족이 자신을 위해 양보하는 것은 너무 자연스러운 것이라 보이지 않았던 것이다.

신보수주의자들의 적폐 찾기 : 복지제도와 페미니즘

하지만 미국은 우리나라와 달리 공격적인 프런티어 전통을 가진 나라다. 미국 가부장의 탄식은 최루성 하소연이 아니라 도덕적 분노로 표출되었다. 1980년대는 미국에서 도덕적 분노로 이글거리는 십자군이 곳곳에서 목소리를 높이는 신보수주의 시대였다. 신보수주의자들은 자기들의 외로워진 처지를 도덕과 질서가 무너진 시대의 문제로 치환하고, 탄식만 하고 있을 것이 아니라 시대의 '적폐'를 찾아 물리쳐야 한다고 주장했다. 원래 도덕적 분노는 항상 비난의 대상을 찾기 마련이다. 그 대상이 자기 자신이거나 아니면 다른 누군가다. 그 대상을 자신으로 삼으면 참회와 속죄의 운동이 되고 다른 누군가를 찾으면 공격적인 파시즘이 된다. 그리고 불행히도 미국의 신보수주의는 후자의 경로를 따라갔다.

그들은 그 비난의 화살을 다름 아닌 좌파와 페미니즘으로 돌렸다.

신보수주의자들우리나라에 익숙한 용어로는 신자유주의은 복지제도 때문에 사람들이 무책임해졌고 도덕이 땅에 떨어지게 되었다며 좌파를 비난했다. 가난한 사람이 가난에서 벗어나고자 노력하지 않고 정부에 기대려 한다는 것이다. 마치 엄마 품을 벗어나지 않으려는 아이처럼 말이다. 이들은 가난을 맞서 싸워야 할 것으로 보고 진취적인 노력과 투쟁으로 벗어나고자 하는 '미국의 전통', '미국의 가치'를 되살리는 것이 미국의 위기를 극복할 방법이라고 주장했다.

그럼 좌파나 비판할 것이지 왜 페미니즘을 비판하는 것일까? 이들에게 '노력과 투쟁으로 난관에 맞서 돌파하는 것'은 다름 아닌 '남성적'인 가치기 때문이다. 그런데 이들이 보기에 좌파 정부는 미국인을 정부라는 엄마 품에 매달리게 했는데, 이것은 "남자답지" 않은 행동이다. 이들은 정부가 아버지가 되어야 한다고 주장했다. 하지만 좌파 정부는 이것저것 챙겨 주면서 동시에 이런저런 규제를 하는 '잔소리쟁이 엄마' 정부다. 남자라면 되도록 정부의 간섭을 받지 말고 흥하든 망하든 스스로 책임져야 한다. 하지만 걸핏하면 엄마 품을 찾게 만드는 복지제도는 일종의 사회적 거세다.

이들은 말만 하지 않고 '티파티'* 등의 단체를 구성하여 현실

---

* Tea Party, 1773년 미국이 영국의 식민지였을 때 무리한 세금 징수에 분노한 시민들이 일으킨 보스턴 차 사건에서 유래한 말로, 미국 조세저항 운동을 상징하는 대명사로 쓰인다.

적인 정치세력으로 떠올랐다. 티파티의 주장은 중구난방이지만, 몇 가지 공통된 것이 있다. 하나는 월 스트리트 금융귀족에 대한 경멸이다. 이들은 현재 노동계급과 농촌의 어려움을 금융귀족이 탐욕스러워서 벌어진 결과라고 본다. 금융귀족은 굳건한 개척자 아니라 교활한 모략꾼이다. 티파티의 눈으로 보면 월 스트리트의 타락한 자본가는 더 많은 수익을 위해 미국의 굵직한 산업 기반을 외국에 넘기는 이른바 '세계화'를 주도하고, 결과적으로 러시아나 중국을 키워 준 주범이다. 이들은 세계화를 통해 얻는 수익이 줄어들 것이라는 두려움에 미국이 마땅히 응징해야 할 상황에서조차 전쟁을 두려워하는 겁쟁이다. 더구나 이들 중에는 '유대인'이 많다.

그런 점에서 "월스트리트를 점령하라!" 운동이 과연 진보적이기만 했을지 다시 생각해 볼 필요가 있다. 월 스트리트에 대한 반감에는 "사내답지 못한" 여피들, 그리고 실제와 달리 "유대인"으로 낙인찍힌 금융인 이미지에 대한 백인 중산층의 반감과 분노가 많이 섞여 있기 때문이다. 실제로 월 스트리트 점령 운동에 동조한 사람 중 상당수가 버니 샌더스를 지지했으며, 샌더스가 민주당 대통령 후보가 되지 못하자 힐러리 클린턴을 지지하는 대신 기권하거나 트럼프에게 투표했다.

신보수주의 담론의 공통된 지점 중 또 다른 하나는 미국의 도덕적 타락에 대한 분노다. 이들은 미국이 탐욕에 휘둘리는 타락한 나라가 되었다고 주장한다. 그리고 그 까닭을 좌파 정부가 여자들의 표를 얻기 위해 여성의 사회 참여를 확대하는 등 페미니즘 정책을 펼쳤기 때문이라고 돌린다. 그들의 도덕론은 계속 이어진다. 여자가 임신의 두려움 없이 성적인 즐거움을 추구하면서 도덕적으로 타락했다. 그리하여 여자가 가정을 벗어나 바깥으로 나돌게 되었고, 그 결과 가정과 지역사회가 붕괴했다. 이는 곧바로 어린이의 인성교육 붕괴로 이어지면서 미국 사회를 위기로 몰고 가고 있다.

그렇다면 이들은 가정과 지역사회 인성교육을 어떻게 회복하자는 것일까? 그것은 가정을 바로 세우는 것, 다시 말하면 '가부장'의 권위를 다시 세우는 것부터 시작해야 한다. 가부장의 권위를 다시 세우려면 바깥으로 나다니던 어머니가 가정으로 돌아와 자녀를 보살피고, 가장이 가족을 부양하는 전통적인 시스템을 회복해야 한다.

이들의 이런 식의 선전은 꽤 먹혀들었다. 트럼프의 "미국을 다시 위대하게!"라는 구호는 사실 1980년대 신보수주의의 진부한 잔향에 불과했다. 전형적인 가부장의 모습을 한 로널드 레이건이 이 구호를 외치고 등장했을 때 신보수주의는 가히 무적의 물결을 이루었다. 때마침 영화 〈록키〉미국, 존 G. 아빌드센 감독, 1976, 〈람보〉미국, 테드 코체프 감독, 1982 같은 액션 히어로 물이 선풍적인 인기를 끌면서 미국을 다시 "남자답게" 만들자는 목소리에 힘을 실어 주었다. 록키와 람보는 아메리카 대륙에 처음 도착한 백인인 이탈리아콜럼버스는 이탈리아인이었다. 혈통의 실베스타 스텔론이 흑인도 때려눕히고, 소련군도 쓸어버리고, 베트콩도 쓸어버리는 모습을 보여 주면서 중산층 백인 남성의 가슴에 불을 질렀다.

그렇다면 중산층 백인 남성이 가슴에 품고 있는 "남자답다"는 것은 무엇일까? 이들은 여자가 본질적으로 사회 활동에 적합하지 않고, 가정에 적합하며, 사회 활동은 남자에게 더 적합하다는 믿음을 가지고 있다. 이들은 사회 활동을 할 때는 감정에 휘둘리지 말고, 두려움을 느끼지 말아야 하며, 신념과 논리로 일에 확신을 갖고 흔들림 없이 추진하는 기질이 필요한데, 이것은 본능적으로 남성적 기질이라고 주장한다. 반면 여자는 천성적으로 감정에 휘둘리고 겁이 많으며 변덕스러워서 사회 활동에 적합하지 않다. 이들은 여자는 논리적인 사고보다 정서적인 사고를 해서 업무를 체계적으로 수행하지 못하며, 객관적이고 합리적인 판단을 못 한다는 믿음도 철석같이 고수한다.

실제로 미국의 백인 중산층 남성은 어떤 판단을 할 상황에서 여자에게 의견을 묻지 않는 것이 습관화되었다. 설사 여자가 말을 하더라도 한 귀로 듣고 한 귀로 흘린다. 여자는 말할 필요가 없다. 말해도 들을 필요 없다. 그냥 "아녀자의 소견"일 뿐이기 때문이다. 여자가 할 일은 집에서 주부 역할을 하는 것뿐이다. 설사 직장에 나가더라도 그곳에서 주부에게 해당하는 자질구레한 뒷바라지 업무만 하면 된다.

이들은 여자가 말을 하면 말의 내용보다는 말하는 모습과 말투를 귀엽게 즐기거나 아니면 "시끄러워!" 하며 단번에 눌러 버린다. 이런 태도는 나라와 나라 사이에도 적용된다. 미국은 언제나 남자의 나라가 되어야 한다. 미국은 국제사회에서 과감하고 용감한 결단을 내리는 나라였고, 앞으로도 그래야 한다. 이들이 생각하는 미국의 위대한 지도자는 앤드루 잭슨, 시어도어 루스벨트 같은 상남자다. 그런데 기생오라비 같은 존 F. 케네디, 여자 말이나 듣는 지미 카터 같은 유약한 지도자의 감상적인 정책이 그만 미국을 망쳐 놓았고, 소련, 일본 등이 감히 미국을 넘보게 했다.

이 모든 게 바로 여자가 집 밖으로 나오기 때문에 빚어진 일이다. 바로 페미니즘 때문에 그렇게 되었다. 또 페미니즘이 기승을 부리면서 여성 표를 노리는 비겁하고 나약한 정치인들이 여자들에게 아부하면서 미국을 유약하게 만들어 버렸다. 이들이 여자의 환심을 구할 때마다 남자가 역차별받는다. 이제 백인 중산층 남성은 한 편에서는 유색 인종에게, 다른 한 편에서는 여성에게 역차별당하면서 점점 밀려나게 되었다. 이것은 공정하지 않다. 이 불공정을 바로잡아야 한다. 이게 바로 신보수주의와 결합한 가부장의 주장이며, 로널드 레이건과 부시 부자는 바로 이 주장의 인격화다.

하지만 이들은 슬슬 조지 부시 같은 정치인에게도 실망하기 시작했다. 어쨌거나 이들은 이른바 '신사'에 속하는 상류층 인사다. 신보수주의자들의 눈에 정중하고 부드러운 '신사'의 문화 역시 '계집애 같은' 행동에 속한다. 그러니 그들은 진짜 싸나이, 진짜 가부장이 아니다. 다만 재수 없는 부자들의 대표일 뿐이다. 이때 허세와 거친 언행으로 '남자질'을 하는 트럼프가 등장했다. 남자들은 부시 부자의 이미지를 잇는 공화당의 기성 정치인 대신 이 "찐 싸나이" 트럼프에게 열광했다.

트럼프는 실패를 두려워하지 않는 승부 근성으로 싸나이답게 싸워서 엄청난 부를 일군 것처럼 자신을 포장함으로써 '부자' 이미지를 탈색했다 실제로는 건설업자인 아버지의 재산을 상속받았다. 많은 백인 노동계급 남성에게 트럼프는 싸나이의 위대함을 상징하는 인물이 되었으며, 좋은 집안에서 태어난 귀족적인 느낌의 여성 힐러리클린턴을 낙선시킴으로써 그 위대함을 증명할 소명이 자신들에게 있다고 믿게 했다.

이들은 자기들의 어려운 처지를 자신의 무능력에 묻지도 않고, 부당한 사회 구조에 묻지도 않는다. 따라서 그들은 전통적인 우파 자유주의를 지지하지도 않고, 반대로 좌파에도 손이 가지 않는다. 이들은 공정한 경쟁이 이루어졌다면 자기들이 차지했을 자리를 표에 환장한 정치인들이 환심을 사기 위해 조장한 '정치적 공정함' 때문에 여러 소수집단이 부당하게 차지했다고 믿는다. 그중 가장 큰 덩어리가 바로 여성, 그다음이 이민자다.

교육적 함의:분노하기 전에 감정을 배워야 하는 남성

이 현상을 다른 측면에서 바라볼 수도 있다. 저 분노한 남성들이 엉뚱한 대상에게 분노한 것이 아니라 아예 분노할 상황이 아닌데 분노했을 수도 있다. 이들이 처한 상황이 대수롭지 않다는 뜻은 아니다. 하지만 이들이 그런 상황에서 드러낼 감정이 과연 분노뿐이었을지 되짚어 볼 필요가 있다.

교육의 관점에서는 바로 이 점이 중요하다. 이 책의 목표는 50대 남자 교사가 여학생에게 페미니즘을 교육하는 것이 아니다. 그것은 주제넘은 짓이 될 수 있다. 이 책이 상정한 페미니즘 교육의 대상은 남학생이다. 그렇다고 남학생에게 양보해라, 포기해라, 너희는 잠재적인 가해자다 등등을 강변하는 교육은 바람직하지 않다. 그 역시 또 다른 방향의 양성 대립의 교육이며 불평등 교육이다. 문제는 남학생이 장차 젠더 불평등 사회를 극복할 균형 잡힌 사고를 획득하도록 하는 것이다.

이를 위해서는 우선 남성의 작은 세계, 즉 맨박스에서 나올 필요가 있다. 세상은 남자가 생각하는 것보다 훨씬 다채롭고 풍부하고 아름다운 곳이다. 남학생은 일단 그것을 먼저 느껴야 한다. 하지만 많은 문화권에서 남성은 내면에 피어오르는 다채로운 느낌을 억압하도록 요구받는다. 그래서 남성들은 온갖 다양하고 복잡 미묘한 느낌을 그들에게 허용된 유일한 감정 표현인 분노로 표출한다.

픽사 스튜디오의 애니메이션 〈인사이드 아웃〉미국, 피트 닥터, 2015이 이를 흥미 있게 보여 준 바 있다. 이 작품은 사람의 기본 감정을 의인화했는데, 그들은 각각 기쁨, 슬픔, 분노, 혐오, 걱정이라는 다섯 캐릭터로 그려졌다. 그리고 이 다섯 캐릭터의 상호작용과 협력의 동역학에 따라 사람의 감정과 행동이 정해진다.

그런데 이 작품에서 성인 여성의 내면과 성인 남성의 내면은 상당히 다르게 묘사된다. 여성의 내면은 '슬픔'을 중심으로 다른 감정들이 오손도손 모여 있는 모습으로 나타난다. 서로 간의 거리도 가깝고, 대화 혹은 수다를 떨면서 감정을 조작한다. 슬픔이 가장 중심적인 역할을 하지만, 다른 감정을 지휘하기보다는 토크쇼의 진행자 같은 역할을 한다. 따라서 여성의 감정은 이 기본 감정의 협의와 조정의 결과로 나타난다.

반면 남성의 내면은 '분노'가 가장 중심적인 위치에 있다. 분노
는 토크쇼 진행자가 아니라 군대 사령관 같은 역할을 한다. 분노
와 걱정이 가까이 붙어 있고, 그 밖의 감정은 멀찍이 떨어져 있으
며 이들 서로 간에는 의사소통이 이루어지지 않는다. 이들이 주고
받는 말은 제안이나 견해가 아니라 보고며, 분노가 다른 감정에
하는 말은 진행이 아니라 명령이다.

그런데 이게 단지 만화적 상상력이 아니다. 실제로 성인 남성
의 감정이 매우 단순하다는 연구 결과가 많이 나오기 때문이다.
남성은 어릴 때부터 감정 표현을 억제하며 자라는데 이것이 바로
가부장제의 문화다. 감정을 드러내는 것은 약한 것이며, 약한 것

영화 〈인 사이드 아웃〉 중에서

은 여성의 몫이기 때문이다.

사실 슬픔은 그저 눈물을 쏙 빼는 감상적인 감정이 아니라 매우 성숙한 인간적인 감정이다. 슬픔은 자신의 고통, 자신의 무력함에 대한 자각에서 비롯되는 감정이다. 따라서 슬픔을 느낌으로써 사람은 자신의 객관적인 처지를 의식하고 개선할 수 있다. 분노는 슬픔보다 훨씬 원시적인 두뇌 작용이다. 물론 사회적인 공분, 의분 같은 말도 있지만 이런 것은 감정이 아니다. 우리가 분노라고 느끼는 감정은 위험 상황에서 느끼는 공격/도주 반응의 결과다. 파충류에게는 이 공격/도주 반응이 거의 유일한 정서 작용이다.

진화가 많이 된 동물일수록 익숙하지 않은 상황에 대한 반응이 다양하다. 포유동물 중에는 낯선 것, 익숙하지 않은 상황에 대해 공포뿐 아니라 호기심, 호감 등 다양한 반응을 보이는 경우가 많다. 그러나 두뇌가 단순하고 원시적인 동물일수록 모든 낯선 것에 대해 공격/도주 반응만 보인다. 분노는 공격의 동기가 되며 두려움은 도주의 동기다. 즉 분노와 두려움은 동전의 양면처럼 낯선 것에 대한 원시적 반응이다.

따라서 분노를 자주 표출하고, 분노에서 비롯된 공격적 행동을 많이 드러내는 사람은 공격적이거나 용맹한 것이 아니라 사실은 감정이 그만큼 계발되지 않아서일 가능성이 더 크다. 특히 두려움이나 슬픔을 감추기 위해 그것을 분노로 표출하는 경우가 많다. 사실 두려움이라는 감정은 결코 부끄러워할 것이 아니다. 하지만 가부장적인 문화에서 남성은 어릴 때부터 두려움을 느끼면 "남자답지 못하다."라고 배웠다. 이렇게 소년은 "남자다움의 굴레",

즉 "맨박스"에 감금당한다.

사실 사춘기 이전 남자 어린이는 놀랄 만큼 감정을 다양하게 표현하며, 특히 친밀감과 두려움 같은 감정을 감추지 않는다. 하지만 사춘기가 지나면서 '남성'의 성역할을 내면화한 남자아이는 의도적으로 그 다양한 감정을 분노라는 단일한 형식으로 표현하려 한다. 심지어 누군가에 대한 호감이나 사랑조차 분노나 짓궂은 행동으로 표현한다. 다정다감함 역시 남자다운 모습이 아니기 때문이다. 학교폭력 상황 중 상당수가 "친구끼리 장난인데 뭘?"이라며 얼버무려지는 까닭이다.

남자는 이 맨박스를 고수함으로써 사실은 자신을 그 안에 가두어 둠으로써 지배적인 지위를 독점할 수 있었다. 여자는 감정에 휘둘리고, 마음이 여려서 보살핌이 필요한 영역 외에는 적당하지 않으니, 가사와 보육만 담당하고, 나머지 중요한 일은 감정을 억제할 수 있는 남자가 담당해야 한다는 논리가 문화권과 관계없이 오랫동안 이어져 내려왔다.

따라서 맨박스는 남성에게도 강한 억압이 되었다. 자기감정에 솔직하고, 자신의 걱정과 두려움을 드러내며, 다른 사람에게 연민과 배려를 표현하는 남성은 이러한 남성의 독점적 지배체제를 안에서 무너뜨리는 대역죄인이나 다름없으므로 그런 태도를 버리라는 강한 집단적 압력을 받게 된다. 많은 남성은 분노 이외의 다양한 감정을 표현하면 어른들에게 꾸지람을 받고, 또래 집단에서는 놀림거리가 되는 분위기에서 성장했다. 그 과정에서 겉으로 드러낼 수 없는 수많은 마음의 상처를 안고 성장하는데, 이 상처는 어른이 된 뒤에도 아물지 않는 경우가 많다. 물론 이 아픔 역시 분노라는 감정을 통해 우회적으로 표현되는데, 그 표출 대상은 으레 여성이 되기 마련이다.

만약 미국의 레드 넥과 노동자가 산업 구조조정으로 인한 자기들의 어려움을 호소하고 가장의 지위가 흔들리는 것과 관련된 걱정을 다른 가족과 나눌 수 있을 정도로 솔직한 마음가짐을 갖추고 있었다면 그들은 분노하지 않았을 것이며, 적어도 그 분노를 엉뚱한 집단에 전가하지 않았을 것이다. 만약 그들이 자기의 어려운 처지를 아내나 자녀에게 기꺼이 고백하고 그들로부터 위로와 공감을 받는 것을 부끄럽게 생각하지 않았다면 미국은 트럼프라는 괴물을 만들어 내지 않았을 것이다.

남자들에게 필요한 페미니즘 교육은 여성을 이해하고 인정하는 것에 앞서, 자기 자신을 이해하고 인정하는 것부터 출발해야 한다. 그렇게 해야 엉뚱하게 전가된 분노를 걷어낼 수 있고, 분노로 일그러진 시야가 맑아질 것이다. 여성을 이해하고 인정하는 것, 가부장제를 인식하고 그 억압성을 인정하는 것은 그다음의 일이다.

사실 트럼프 현상은 미국만의 현상으로 치부하기 어렵다. 우리나라도 끊임없이 혐오의 대상을 찾아다니는 분노의 물결이 감지되고 있기 때문이다. 그리고 2021년 4월 7일 서울시장, 부산시장 재보궐 선거를 통해 이 분노의 물결이 여성, 그리고 페미니즘을 정조준하기 시작했다. 학교에서도 남학생 사이에서 '페미'라는 말이 욕으로 사용되기 시작했다. 마냥 두고 볼 일이 아니다.

■

여성, 선거를 탈취당하다
− 거기에 백래시까지……

'이대남'만 남은 선거

2021년 4월 7일, 서울, 부산 시장 보궐 선거가 치러졌다. 여기서 집권 여당인 더불어민주당이 참패했다. 두 지역 시장 자리를 모두 내어준 정도가 아니라 거의 더블 스코어 차이로 졌다. 서울에서도 엄청난 표 차이로 패했다는 것이 집권당에 큰 충격을 안겨 주었다. 서울은 민주당이 큰 차이로 이기지 못하면 선거 실패로 간주할 정도로 강세를 보인 곳으로, 박원순 전 서울시장이 당선되었던 2011년 서울시장 보궐선거 이래 대통령 선거, 국회의원 선거, 지방 선거 등 그 어떤 선거에서도 패한 적이 없다. 이랬던 서울에서 그냥 패한 정도가 아니라 거의 20% 가까운 엄청난 격차로 패배했다.

서울과 더불어 또 다른 충격적인 결과는 20대 지지율이다. 50대 이상 연령층에서 보수정당의 지지율이 높게 나오는 것은 우리나라뿐 아니라 전 세계적으로 공통된 현상이다. 마찬가지로 세계 어느 나라나, 그리고 우리나라의 역대 모든 선거에서 20대는 늘 진보 쪽에 더 많은 표를 주어 왔다. 물론 더불어민주당이 과연 진보냐 하는 반론도 가능하겠지만 일단 그나마 국민의힘보다는 조금이라도 진보 쪽에 있으니 그렇다고 하자. 어쨌든 자신들을 진보로 포지셔닝했기 때문에 더불어민주당 쪽은 역대 선거에서 언제나 투표율을 높이려고 애를 썼고, 젊은 층의 투표 참여를 독려했다. 투표 연령을 18세로 낮추는 데 앞장선 쪽 역시 더불어민주당이다.

그랬던 더불어민주당이 부메랑을 맞았다. 20대가 대대적으로 국민의힘을 선택한 것이다. 무엇보다 전통적인 지지 기반 둘이 중첩된 서울의 20대로부터 받아 든 처참한 성적표는 이 정당 핵심지지 기반의 붕괴를 보여 주는 것이나 다름없다. 이 정당을 진보라고 불러도 될지 모르겠지만, 어쨌든 각종 진보적인 사회운동 단체가 직간접적으로 연결된 정당이니, 이는 여러 진보적인 사회운동 단체에도 던지는 경고장이라고 할 수 있다.

승리한 쪽에서도 이러한 사실을 의식하고 과도한 자화자찬을 피하는 등 조심스러운 반응을 보였다. 신임 오세훈 시장은 취임 첫 주에 이 선거의 진원지라고 할 수 있는 박원순 전 서울시장 성폭력 피해자에 대한 지지, 2차 가해자의 좌천 등, 과거 이 정당의 권위주의적인 성격을 의심케 하는 조처를 하기도 했다.

당시 국민의힘 이준석 최고위원이 나름 친절하게 더불어민주당의 패인을 분석해 주면서 "더불어민주당이 2030 남성의 표 결집력을 과소평가하고 여성주의 운동에만 올인 했으니 이런 결과가 나온 것"이라는 글을 SNS에 올리기도 했다.

그런데 이 글이 순식간에 공유되면서 엉뚱한 여론을 조성했다. 만약 더불어민주당이 진정으로 페미니즘을 받아들인 집단이라면 이런 식의 주장을 '백래시'로 규정하고 강하게 반박했을 것이다. 그런데 놀랍게도 이른바 진보 성향이라는 인사들마저 여기에 동조하고 나섰다. 더불어민주당의 김남국 의원은 언론 인터뷰에서 "여성을 우대하는 정책에 대해 20대 남성들은 역차별·불공정이라고 생각하는 것 같다."라고 말했다. 스스로 자신들이 여성을 우대하는 정책을 펼쳤다고 믿고 있으며, 또 그것을 20대 남성이 역차별로 느껴서 지지를 철회한 것이라고 믿는다는 점에서 사실상 이순석 위원의 SNS 발언과 같은 말을 한 것이다.

심지어 대한항공 사주 딸의 갑질 피해자이면서 여기 당당히 맞섬으로써 세상에 널리 알려졌고, 그렇게 얻은 명망을 바탕으로 진보정당 안에서 노동자와 약자를 위해 싸우겠다고 포부를 밝혔던 박창진 정의당 부대표조차 이와 비슷한 취지의 발언을 했다.

"정부가 여성들을 배려하며 내놓은 각종 정책과 발언들은 보편적 의제로 다가가지 못하고 청년 남성들을 수혜자처럼 취급하고 배제했다."

이 발언은 앞의 두 발언보다 더 복합적이라 뜻을 좀 풀어 보아야 한다.

① 지금 20대 남성은 남자라는 이유로 어떤 혜택도 누린 바가 없다.

② 그걸 누린 세대는 40대, 50대 남자다.

③ 그런데 그들이 누린 특혜를 바로잡는다는 빌미로 이루어지는 온갖 여성주의적 정책 때문에 정작 20대 남성들은 역차별을 받고 있다.

④ 그래서 그들이 그 불공정에 대한 항의와 응징의 뜻으로 국민의힘을 찍었다?

이런 식으로 이어지는 논리다. 언제부터 40~50대 남자들이 20대에게 이렇게 관대했는지 모르겠다. 몇 달 전만 해도 20대 남자들의 국민의힘 지지율이 높게 나오자 "요즘 젊은것들은 역사의 식이 없다. 민주시민성이 의심된다.", "이명박근혜 시대에 교육받아서 저렇다." 따위의 훈수질을 늘어놓았던 40~50대 남자들이었다. 그런데 불과 몇 달 사이에 "20대가 오죽하면 국민의힘을 다 찍었겠냐?" 수준으로 너그럽게 이해하고 있다.

어느새 4·7 보궐선거 결과 분석의 키워드가 '이대남'으로 바뀌었다. 적어도 2021년 4월 한 달 동안은 20대 남자들이 마치 나라의 주인공이 되다시피했다. 진보 보수를 막론하고 온 나라가 나서서 20대 남자의 등을 두드리며 우쭈쭈 하는 분위기가 되었다.

추미애 윤석열 갈등 사태 때 검찰을 악마화하고 윤석열의 목을 따는 만평을 그려 악명을 떨쳤던 어느 유명 만화가의 태세 변환은 극적이다 못해 코믹하기까지 하다. 감히 이 정권에 등을 돌리고 "친일적폐" 국민의힘 당에 표를 몰아 준 20대 남자를 비난하기는커녕 그들의 분노와 좌절을 이해해야 한다며 아주 따뜻한 만평을 그린 것이다. 그 관용과 따스함으로 어째서 목을 따는 그림을 그렸는지 신기할 따름이다.

선거에서 철저히 무시당한 '이대녀'

여기서 상상실험을 해 보자. 만약 득표율이 정반대였다면 어떤 일이 일어났을까? 20대 여자들이 압도적으로 국민의힘을 지지하고 20대 남자들이 더불어민주당을 지지했다면? 그리고 결국 더불어민주당이 큰 표 차이로 패배했다면? 과연 "이대녀"에게 이렇게 많은 관심을 보였을까? 그래서 "성폭력에서 안전한 세상을 만들어 달라는 여성의 분노와 염원을 무섭게 받아들이겠다." 따위의 반응이 여당 의원들로부터 쏟아져 나왔을까?"

애석하지만 그럴 가능성이 커 보이지는 않는다. 오히려 "젊은 이가 이명박, 박근혜 시대 때 중고등학교에 다녀서 그렇다. 민주시민 교육을 강화해야 한다."라는 식의 가르치려는 반응이 나왔을 가능성이 훨씬 크며, 심지어 그렇게 가르치려는 사람 중에는 젊은 남성도 많을 것이다.

이런 식으로 여성은 이 선거에서 철저히 무시당했다. 출발부터 그랬다. 애초에 이 선거에서 더불어민주당과 국민의힘 두 당 간의 경합이 이루어진 것 자체가 여성에 대한 무시와 폄하다. 부끄럽게도 우리나라 1, 2위 도시인 서울, 부산에서 나란히 시장이 자신을 보좌하던 여성 직원에게 성폭력을 저지르고 스스로 자리에서 물러남으로써 치러지게 된 보궐 선거다. 더구나 두 시장 모두 더불어민주당 소속이다. 그런데 더불어민주당에는 자당 소속 의원이나 단체장의 범죄나 비리로 인해 치러지는 보궐선거에는 도의적 책임을 지고 후보자를 내지 않는다는 당헌이 있었다. 그런데 더불어민주당은 스스로 만든 당헌을 바꿔 가며 기어코 두 군데 모두 후보를 출마시켰다.

여당 지지자들은 다음과 같은 논리를 내세워 정당화했다.

"안타까운 일이지만, 공과를 서로 비교하면 그래도 공이 더 많은 분 아니냐? 또 친일 독재 적폐 세력에게 대한민국 1, 2위 도시를 그냥 내어 줄 수 없다."

하지만 이들의 행태를 보면 마지못해 출마시키는 수준이 아니었다. 애초에 이들은 자기네가 뭘 잘못했다고 그러느냐는 태도를 보였다. 성폭력 가해자를 옹호하면서 "공과를 골고루 평가해야 하며, 비록 성폭력을 저질렀으나 공이 훨씬 크기 때문에 그 점을 평가해야 한다."라는 이유로 시민장을 치르고, 광장에 분향소를 차리는 등 위력을 과시했다. 심지어 집권 여당의 여성 의원조차 성폭력 피해자를 '피해 호소인'이라고 부르자는 제안을 하면서 전임 시장의 성폭력 가해 사실을 의심하거나 다만 해석 차이에 불과한 듯한 뉘앙스를 비추었다. 대통령이 속한 정당이며 국회 의석의 3분의 2를 차지하는 정당이다. 그런 정당에서 성폭력 자체를 가볍게 여기거나 의심하는 태도를 취하면 피해자가 느낄 압박이나 공포가 어떨지에 대해 고려한 흔적은 거의 보이지 않았고, 오히려 "네가 사소한 걸 침소봉대해서 큰 인물을 잃었다."라고 힐난하는 분위기까지 조성되었다. 심지어 피해자의 신상을 파헤쳐 사이버 폭력이 이루어지기도 했다.

이런 분위기에서 가해자 소속 정당에서 후보자를 내 다시 당선된다면? 피해자가 모두 시청 소속 공무원이었음을 고려하면 이건 "사표 써."나 다름없는 묵언의 신호다. 이런 일을 하면서도 당시 집권 여당더불어민주당은 자신들이 민주니 진보니 하는 말과 너무도 멀어졌음을 끝내 인지하지 못했다. 그런 무감각은 피해 호소인이라는 말을 만들어 낸 주역들을 버젓이 선거캠프 요직에 앉히는 모습에서, 그리고 이게 문제가 되자 '마지못해' 사퇴시키는 모습에서 확연히 드러났다.

또 다른 무시는 등을 돌린 20대 남자에게 보인 관심의 반의 반도 20대 여자에게 보이지 않았다는 것이다. 더불어민주당, 국민의힘, 그리고 주요 언론은 한결같이 더불어민주당 지지층 중 20대 전체가 돌아선 것이 아니라 20대 남자가 돌아선 것을 보궐선거의 참패 원인으로 해석했다. 그러면서 '공정'에 대한 불만 때문에 이들이 등을 돌렸다는 해석을 덧붙였다.

하지만 20대 남자의 지지 이탈이 더불어민주당 참패의 결정적인 원인이라는 것이 사실일까? 전혀 그렇지 않다. 20대 남자는 원래부터 더불어민주당 지지율이 그리 높지 않았다. 2020년 12월에 리얼미터에서 조사한 결과를 보면 20대 남자의 문재인 대통령 지지율은 30%에도 미치지 못했다. 어차피 더 이탈할 표도 없었다. 오히려 여성에게 주목해야 한다. 2020년 12월에 20대 여성의 문재인 지지율은 무려 63.5%로 성별, 연령별 집단 중 가장 높은 지지율을 보였다. 그다음으로 지지율이 높은 집단은 40대 여성이다.

그런데 2021년 4월 서울시장 선거에서 이 두 핵심 지지층이 무너졌다. 20대 여성, 40대 여성 모두 더불어민주당 후보에 투표한 비율이 40%대에 머문 것이다. 반면 20대 남자들의 경우는 30%에 미치지 못하던 지지율이 여전히 22% 정도로 낮아졌을 뿐이다. 가장 강고한 지지 집단인 두 계층에서 지지율이 20%씩 빠졌으니 10% 이상의 표 차이로 참패할 수밖에 없었던 것이 2021년 4월의 결과다.

하지만 고작 지지율 7% 더 떨어진 20대 남자에게 그토록 많은 관심과 '우쭈쭈' 해 준 언론은 무슨 영문인지 지지율이 무려

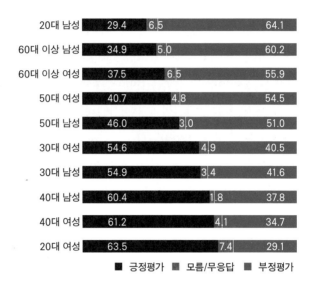

문재인 대통령 국정수행 지지율 : 2020년 12월 2주차 주간 집계 (단위 %)

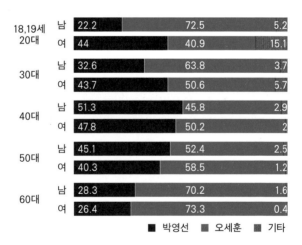

2021년 4·7 서울시장 재보궐 선거 방송 3사 출구조사 결과 (단위 %)

20%나 빠진, 사실상 더불어민주당 패배의 가장 결정적인 원인이 된 20대 여성의 이탈에 관심을 보이지 않았다. 그냥 남자와 뭉뚱그려 공정성에 대한 20대의 불만을 표로 응징한 것으로 해석해 버리고 말았다. 마치 온 나라가 이 선거에서 '성폭력'이 세 글자를 감추기 위해 묵언의 동맹이라도 맺은 것 같았다.

이렇게 2021년 4월 7일은 사상 초유의 선거 탈취 사건이 되었다. 20대 여성이 그들의 뜻을 아주 강력하게 보여 주었음에도 도리어 그 과실을 20대 남자에게 탈취당한 것이다. 더구나 20대 남자는 이 선거의 의미를 탈취하려는 시도조차 한 적이 없다. 이들은 적극적이고 능동적으로 저항하지도 않았고, 나서서 세력을 형성하지도 않았다. 그런데 선배 남자들, 형님들이 알아서 선거를 20대 여성에게서 빼앗아서 가져다주고 우쭈쭈까지 해 주었다.

진짜 이상한 일은 다음에 일어났다. 이 선거가 끝난 뒤 성폭력, 그리고 20대 여성을 성폭력 위험에 노출시키는 사회 풍토, 제도 같은 것이 아니라 도리어 '페미니즘'이 비난의 대상이 된 것이다. 상식적으로 이해할 수 없는 일이다. 성폭력으로 물러난 시장을 보유했던 집권 여당이 참패한 선거이며, 여성의 반란, 여성의 응징이라고 볼 수 있는 선거인데, 이 선거 이후 여성은 목소리를 내기 더 어려워졌다. 특히 페미니즘이라는 말은 금기어가 되어 버렸다. 물론 그전에도 이 말을 입에 담는 것이 쉬운 일은 아니었지만 말이다.

이제는 수업 시간에 교사가 조금이라도 성평등과 관련한 발언을 하면 "저 선생 페미냐?", "남혐이다." 따위의 말을 듣는 지경이 되었다. 성폭력에 관한 대책을 요구하면 오히려 "남자를 모두 적대시 한다.", "남자를 잠재적인 범죄자로 보고 있으니 남혐이다." 등의 말까지 듣게 되었다. "페미"가 마치 1980년대의 "빨갱이"가 차지하던 공공의 적 위상을 대신 차지한 듯한 느낌이다. 성폭력이 화두가 되었던 선거가 오히려 여성이 그동안 얻어 낸 것들에 대한 대대적인 반격, 즉 백래시의 계기가 되어 버렸다.

이 백래시의 하이라이트는 어느 유통업체 광고에 지금은 폐쇄된 래디컬 페미니스트 커뮤니티인 '메갈리아' 마크가 나왔다는 항의 전화와 댓글이 폭발하자, 광고를 내리고 사과문까지 게시한 사례다. 사실 그 광고에 나오는 손 모양이 뜬금없고, 메갈리아 로고와 비슷한 것은 사실이다. 그러니 그 광고 디자이너가 메갈리아 상징을 의도적으로 넣은 것인지는 여기서 논할 일이 아니다.

'페미 사냥' 광풍이 불다

문제는 계속 터져 나왔다. 난데없는 '페미사냥'이 시작된 것이다. 마치 온 나라가 곳곳에서 페미니즘의 상징을 찾아내는 도상학에 푹 빠져든 것 같았다. 한때 방사형 무늬만 보면 '욱일기', '전범기'라며 펄펄 뛰던 2019년의 'No 재팬'이 연상될 정도, 아니 그 이상이라고 해도 과언이 아니다.

엄지와 집게손가락을 집게 모양으로 만든 손 모양이 그려진 것이 있으면 무엇이든지 '메갈리아'의 음모가 스며든 것으로 단죄되었다. 더 놀라운 것은 어지간한 항의에는 꿈적도 안 하던 조직

메갈리안 로고

이나 기관이 유독 이 페미 사냥꾼들에게는 약점이라도 잡힌 양
즉시 사과하고 해당 게시물이나 광고를 내렸다는 것이다.

뻣뻣하기로는 세계 어디에 내놓아도 빠지지 않을 K국방부와
K경찰마저 이 페미 사냥꾼들에게 너무도 순순히 사과하고 해당
게시물을 내렸다. 국방부와 경찰이 대중이 항의한다고 이렇게 신
속하게 사과하는 것을 본 적 있는가? 당장 '○○호 부실 급식 논
란' 때 군의 반응은 어떠했는가? 변희수 하사가, 이 중사가 자살했
을 때 군은 단 한마디라도 사과했는가? 경찰은? ○○클럽 사건에

국방부, 경찰청 SNS 광고

경찰 고위층이 연루되었을 때 이들이 이토록 신속하게 반응하고 사과했던가? 그 뻣뻣하던 군과 경찰이 "너 페미냐?" 논란 한마디에 번개같이 반응한 것이다.

이후 사회 곳곳에서 "나는 페미가 아닙니다."라는 사상검증을 요구하는 일이 잦아졌다. 무심코 해 보인 손동작 하나 때문에 "남성혐오주의자"라는 공격을 받는 유명 인사들, 혹은 아무 생각 없이 올린 홍보물 등에 저 손동작이 있다는 이유로 불매운동 위협을 받는 기업이 줄을 이었다.

한 치킨 회사는 닭다리를 잡은 여성의 손 모양이 메갈리아 로고를 연상시킨다며 남자들이 불매운동을 거론하자 하루 만에 신속한 사과문이 올라오더니 해당 광고를 삭제했다. 심지어 "저 모양이 무슨 의미를 담고 있는지 몰랐지만 이제는 알았으니 경위를 조사하여 철저히 조치하겠다."는 다짐까지 했다. 오해의 소지를 주어 죄송하다는 수준이 아니라 저 불특정 남성의 주장을 거의 전적으로 수용한 꼴이다. 필시 저 광고를 제작한 회사의 어느

치킨 회사 광고와 사과문

이마트 24 광고

여자 직원이 이 모든 사태에 대한 덤터기를 뒤집어썼을 것이다.

　우리나라 유통업계 1위인 이마트마저 메갈 사냥꾼의 매의 눈을 피하지 못했다. 순식간에 이마트, 스타벅스, 신세계 불매운동 하겠다는 남자들의 포스팅이 줄을 이었다. 정말 그 불매운동이 효과가 있을까 의심스러웠지만 회사는 즉각 반응하여 별을 따 주겠다는 남자가 별이 아니라 앞만 보고 달리는 지극히 평범한 디자인으로 교체하였다. 코미디가 따로 없다. 이마트가 어떤 기업인가? 여론에 이렇게 쉽게 굴복하던 기업인가? 아니다. 정용진 회장이 "미안하고 고맙다."라는 문구 때문에 문재인 지지자들에게 공격당해도 눈 하나 깜짝하지 않음은 물론, 오히려 조롱 조로 반응했던 기업이다. 하지만 "너 페미?" 앞에서는 추풍낙엽처럼 주저앉았다.

　이렇게 떼로 몰려다니며 페미니스트 사냥을 하는 남자의 목소리를 듣다 보면 마치 사회 구석구석에 페미니스트, 그것도 그중 소수파인 래디컬 페미니스트의 마수가 뻗치지 않은 곳이 없는 것처럼 여겨질 정도다. 그리고 어떤 조직도, 기업도 '페미니스트' 딱지를 받으면 빛의 속도로 저자세로 전환했다.

이대남이 그동안 얼마나 푸대접받고 소외되었는지는 모르겠지만 2021년 6월 현재 이대남보다 더 빨리 자기 목소리를 반영시킬 수 있는 집단이 또 있었을까. 교사가 아무리 항의해도 교육부가 눈 하나 깜짝하던가? 하지만 이대남이 "너 페미?"로 몰아붙이면 거만한 교육부 관료도 꿈틀하지 않을까 싶다.

이 광풍은 페미니스트 교사가 비밀리에 조직적으로 페미니즘, 남혐 세뇌 교육을 획책한다는 음모론에서 절정에 이르렀다. 이 남혐 세뇌 교육 음모론의 내용은 이렇다.

① 외부에 알려지지 않은 급진적 페미니스트 비밀 지하조직이 있다.
② 이들은 자기네끼리 비밀리에 연락을 주고받으며 페미니즘으로 나라를 뒤엎으려는 음모를 꾸미고 있다.
③ 여기에는 교사도 적지 않게 소속되어 있다.
④ 여기 속한 교사들이 남학생을 페미니스트로 세뇌 교육하려는 조직적인 움직임이 있었는데, 페미니즘에 동조하지 않는 남학생을 왕따가 되도록 학급 분위기를 조장한다.

이런 충격적인 내용의 음모론이 우연히 외부로 유출되어 발각되었다. 이 음모론은 그 증거라고 제출된 비밀조직 게시판 캡처가 조작으로 드러나면서 한바탕 촌극으로 마무리되고 말았다. 그런데 문제는 평소에 합리적이고 진보적이라는 평을 듣는 남성조차 "그럴 리 없다, 이건 조작일 것이다."라는 태도를 단호하게 보이지 않았다는 것이다. 대부분 "이럴 수가!"가 아니면 "조작이었으면 좋겠지만, 사실이라면 보통 심각한 문제가 아니다."라는 정도로 반응했다. "사실이라면"이라는 단서는 대외 이미지 관리를 위해 붙인 예의상의 표현이고, 실제로는 그럴 가능성이 충분히 있다고 믿었다.

대체로 진보적이고 합리적이라고 자처하는 남성은 스스로 자신을 페미니스트에 가깝다고 주장한다. 심지어 문재인 대통령조차 후보 시절에 자신을 페미니스트라고 자처했다. 이들이 생각하는 페미니즘은 그저 양성평등, 남자도 집안일 좀 거들고, 직장에서 월급이나 승진에서 유리천장 제거하는 정도였는가 보다. 이들은 젠더 문제가 계급이나 민족 문제 같은 근본적인 모순 중 하나이며, 자신들도 그 구조의 수혜자라는 사실을 인지하지 못했다.

그런 진보적이고 합리적인 남성에게 최근의 페미니즘은 "이만하면 된 건데, 뭘 더 바라?"의 대상이 되고 말았다. 어쩌면 남성 사이에서 "됐어, 여기까지."라는 일종의 심리적 동맹이 맺어진 것일 수도 있다. 그동안 여혐이 심한 사회라 페미니즘을 어느 정도 '용인'했지만, 이제 페미니즘의 횡포가 '남혐'으로 변하고 있으니 더는 용인할 수 없다는 식의. 페미니스트들이 사회 구석구석에 침투하여 남성혐오를 퍼뜨리는 음모론은 명망 있는 진보적인 남성조차 움찔하게 할 정도로 위력이 강했다.

이 페미 사냥의 진짜 하이라이트는 '안티페미니즘'을 아예 자기 브랜드로 내어 걸은, 단 한 번의 선출직 경력도 없는 30대 젊은 정치인이 제1 야당_{지금은 여당}의 당대표로 선출된 것이다. 이렇게 되면 당연히 그 반대쪽에 선 여당은 '페미니즘 정당'으로 비치게 된다. 실제로 이준석은 더불어민주당을 연거푸 '페미니즘 눈치나 보는 정당'이라고 비난했다. 마치 1980~90년대 국민의힘의 전신인 민주자유당과 신한국당 등이 더불어민주당의 전신인 신민당, 민주당, 새천년국민회의를 '좌경용공 정당'이라고 비난하던 것과 비슷해 보인다.

1980~90년대 민주당이 사회주의, 공산주의와 전혀 관계없는 당이었듯, 2020년대 더불어민주당 역시 페미니즘과 아무 관계 없는 당이다. 페미니즘 눈치를 보는 정당에서 유력한 대권 후보가 잇따라 성폭력으로 물러났을까? 심지어 그 이후에도 피해자를 꽃뱀으로 몰거나 온갖 음모론을 뒤집어씌우고, 그 당의 영향력 있는 지지자나 스피커가 거침없이 2차 가해에 가까운 발언을 하고, 거기에 지지자가 벌떼같이 모여들었을까? 당헌까지 바꿔 가며 기어코 재보선에 후보를 냈을까?

더불어민주당으로서는 안티페미 야당 대표에 맞서 페미니즘을 지킬 생각 따위는 전혀 없을 것이다. 오히려 무척 억울할 것이다. 안티페미라는 말은 못 써도, 이대남에게 잘 보여서 지지율을 회복하고 싶었는데, 저렇게 프레임을 선점당하고 말았으니 말이다. 물론 더불어민주당 의원 중에는 과거 페미니즘 운동 활동가 경력을 가진 사람이 좀 있다. 그리고 그 경력을 바탕으로 의원직을 할 당받기도 했다. 하지만 그들은 안희정 전 충남도지사 성폭력 사건 때는 침묵했고, 박원순 전 서울시장 성폭력 사건 때는 오히려 가해자를 직간접적으로 옹호하는 모습까지 보였다. 이준석이 뭐라고 말하건 간에 더불어민주당을 페미니즘 정당, 페미니즘 옹호자로 볼 수 없다.

남성혐오는 실재하는가?

대체 저 손가락 마크가 뭐기에 합리적인 남자조차 부르르 떨게 했을까? 보수에서부터 진보에 이르기까지 다양한 남자의 목소리가 나오는데, 대체로 모아 보면 "남성혐오를 조장한다."로 정리된다. 저 마크가 메갈리아의 상징이었고, 그 메갈리아가 매우 과격한 남성혐오 커뮤니티인 워마드의 모체라는 것이다.

사실 현재 메갈리아도 워마드도 모두 존재하지 않는다. 하지만 저 살짝 벌린 손 모양에 발작적인 반응을 보이는 남자들은 그 단체들이 표면적으로만 해체되었을 뿐, 여전히 지하에서 활동하고 있으며, 저 상징을 은밀하게 사회 구석구석에 숨겨 놓음으로써 남성혐오를 계속 조장한다고 주장한다. 마치 일루미나티 음모론처럼 들릴 정도인데, 이런 음모론을 교육 수준이 멀쩡한, 그리고 사회 다른 영역에서는 상당히 진보적이고 합리적인 태도를 보이는 20~30대 남성마저 제법 진지하게 받아들이곤 한다.

이대남이 차별받는 집단, 불평등, 불공정의 희생자임은 분명하다. 다만 그 상대가 여성, 더구나 같은 20대 여성이 아닐 뿐이다. 그 상대는 자기도 한국 남자이면서 "저 한남들은 말이야."라고 말하는, 자신들을 일반적인 한국 남자로 보지 않는 중상층 남자들이다. 한남은 이미 한국 남성혐오 표현이 아니라 중상층에 속하는 30대 중반 이상의 남자가 연령을 막론하고 이른바 '루저'로 보이는 한국 남성을 향해 드러내는 경멸과 혐오 표현이다. 그래서 이들이야말로 '한남'이라는 말을 가장 거리낌 없이 사용하는 집단이기도 하다. 이들이 루저로 보이는 남성에게 손가락질하면서 과연 상대방의 폭력이나 위협을 걱정할까? 오히려 손가락질받는 '한남'이 울분을 삼키며 그 자리를 피하지 않을까? 그리고 그들은 그 분노를 누구에게 전가할까? 불특정한 여성일 가능성이 매우 클 것이다.

이제 교육자의 입장으로 돌아와 보자. 공정을 거론하며 역차별이니 남혐이니 하며 반발하는 남학생에게 무엇을 가르쳐야 할까? 20대 여성에게 50~60대 고위 공직자가 성폭력을 행사한 것 때문에 치러지게 된 보궐 선거 결과가 엉뚱하게 20대 남자 달래기, 그들의 불만 들어 주기로 변질한 것만으로도 충분히 여성이 억울한 처지에 있음을 일깨워 주어야 하지 않을까? 큰 걱정 없이 밖을 나다닐 수 있다는 것, 그리고 가정이나 학교, 어디에서나 자신들의 누이나 여학생보다 자신들의 발언권과 영향력이 좀 더 진지하게 받아들여지고 있는 것이 이미 이유 없이 주어진 특권임을 깨닫게 해야 한다.

물론 20대가 보기에 현재 한국사회는 매우 불공정하다. 그것을 부정할 수는 없다. 하지만 그 불공정의 원인이 과도한 페미니즘에 의한 역차별이 결코 아니라는 것을 분명히 일깨워 주어야 한다. 그 불공정의 선은 당연히 계층, 계급 간에 그어져야 하며, 그 계층, 계급 간에 그어진 불평등의 선은 다시 젠더와 중첩된다.

아직도 순수하게 블라인드 채용이 이루어지는 몇몇 공공 부문을 제외하면 여전히 여성은 채용에서 보이지 않는 불이익 상황에 있다. 믿어지지 않는다면 교사, 공무원 등 그야말로 시험만으로 선발하는 영역은 여성 합격률이 그토록 높은데, 교사, 공무원보다 연봉을 1.5배 이상 받는 주요 대기업도 그런지 한번 돌아보면 답이 나온다. 만약 그 분야에서 불공정한 선발이 있었다면 이는 부모 찬스를 활용할 수 있는 계층과 그렇지 않은 계층 사이에서 일어난 불공정이다. 그런 점에서 불공정에 대한 20대 남자의 분노와 불만이 갑자기 페미 사냥으로 변질한 배경에, 그 분노와 불만을 다른 쪽으로 슬쩍 돌리려는 기득권층그들도 남자일 것이다의 '이이제이'가 있는 것은 아닐지 의심해 보아야 한다. 이것이 진보적인 교사가 할 일이다.

■

남성혐오를 말하는 남학생에게
– 여성혐오가 아니라 미소지니

페미니즘에 대해 사상 검증을 받는 민주사회라니?

　성폭력 때문에 시작된 보궐 선거에서 엉뚱하게도 이대남이 주인공 대접을 받게 된 상황, 그리고 성폭력이 아니라 페미니즘이 갑자기 심판 대상이 된 상황은 부조리의 극치다. 심지어 당당한 올림픽 금메달리스트마저 머리 스타일이 단발인데 페미니스트냐 아니냐를 두고 설왕설래가 오갔다. 2024년 파리 올림픽 로고가 단발머리 여성을 연상시킨다며 성차별 올림픽이라는 울분을 토하는 국제 망신도 있었다. 아무 데서나 욱일기 문양을 거론하며 망신을 사더니 이제는 아무 데서나 페미 타령이다.

　부끄럽게도 외신들은 이 현상을 매우 심각하게 다루었다. BBC는 "양궁 2관왕에 오른 한국의 안산 선수가 온라인상에서 학대당하고 있다. 헤어스타일을 둘러싼 온라인 학대는 일부 젊은 한국 남성 사이의 반페미니즘 정서에 기반해 일어나고 있다."라고 지적했다. BBC 서울 주재 특파원인 로라 비커는 "한국에서는 20대 한국 남성의 58.6%가 페미니즘에 강하게 반대한다. 한국에서는 어떤 이유인지 '페미니즘'이 더러운 단어가 됐다. 한국이 성평등

파리 올림픽 로고

문제와 씨름하고, 저출산 문제를 해결하려면 이 문제를 정면으로 다뤄야 할 것"이라고 꼬집었다.

여기서 문제의 본질은 단발머리가 페미니즘과 관련이 있느냐 없느냐가 아니다. 설사 단발머리가 급진 페미니즘의 상징이라 할지라도 그게 왜 비난받을 일이며, 심지어 메달 박탈 논란까지 나오느냐 하는 것이다.

이런 어이없는 시비는 거센 역풍을 맞고 일단 가라앉았다. 하지만 '단발머리 → 페미니스트 → 국가대표 박탈'이라는 어이없는 논리의 주장이 한낱 웃음거리로 끝나지 않고 신문 기삿거리 수준으로 확산했다는 것 자체가 문제다. 그만큼 이 주장에 동조한 이가 많았다는 뜻이기 때문이다. 이는 여자의 절규는 사람이 죽어야 겨우 돌아보면서 20대 남자의 목소리는 별의별 어이없는 주장마저 꽤 민감하게 반영하는 언론의 태도를 잘 보여 준 사례다.

그나마 상대가 올림픽 금메달리스트쯤 되니 역풍이라도 불어 주었다. 그보다 훨씬 취약한 위치에 있는 여성은 이런 어이없는 공격 앞에 속수무책으로 굴복하여 마음에도 없는 사과문을 발표하는 등의 정신적 폭행을 당해야 했다. 가장 대표적인 사례가 치어리더 H씨다. H씨는 단지 단발머리를 했다는 이유만으로 페미니스트로 몰리면서 악플에 시달리다 결국 공개 사과문까지 올려야 했다. 그 내용이 참으로 비참하다.

우선 자기가 페미니스트가 아니라는 양심고백을 한다.

"저는 페미와 무관합니다. 제가 한 행동이 누군가에겐 오해의 여지를 줄 수 있다는 것을 인지하지 못했습니다." 그러면서 "잦은

염색으로 머릿결이 손상됐다"며 왜 짧은 단발머리를 했는지 이유까지 설명했다. 심지어 H씨의 해명은 이걸로 끝나지 않았다. "쇼트커트는 젠더_{성평등} 갈등이 심화하기 전부터 해 보고 싶었던 머리"라며 진땀을 흘리며 해명하고, "저는 한 번도 남성혐오와 여성 우월주의적 사상을 가진 적이 없다. 오히려 젠더 갈등을 조장하는 페미니스트들을 혐오한다."라고 마무리해야 했다. 쇼트커트 때문에 자신이 페미니스트가 아닐 뿐 아니라 페미니스트를 혐오한다고까지 말해야 한 것이다.

만약 H씨가 남성 운동선수나 남성 연예인이고 머리를 아주 길게 기르고 염색이나 파마를 했다면 어땠을까? 남성 운동선수나 연예인이 머리를 길게 기르고 염색하면서 자신의 양심, 성정체성 등과 관련해 해명하는 것을 상상할 수 있는가?_{안정환의 선수 시절을 떠올려 보라.} 머리 염색은 물론이거니와 심지어 메이크업까지 하고 다니는 BTS 멤버들이 "우리의 메이크업은 남성성을 부정하는 것이 아니며, 우리는 여성을 동경하지 않는다." 따위의 해명을 하는 모습을 상상할 수 있는가?

어느새 머리 모양 때문에 진땀 흘리며 자신의 사상까지 검증받아야 하는 지경이 되었다. 이런 상황과 부르카를 쓰지 않고 외출하면 탈레반에게 총살까지 당하는 아프가니스탄의 상황이 얼마나 다를까? 그저 정도의 차이로만 보인다. 꼭 몽둥이나 총알을 날려야만 폭력인 것은 아니다.

페미 사냥은 여기서 그치지 않았다. 누구는 단발머리를 해서, 누구는 '오조오억'이라는 숫자나 '허벅허벅'이라는 의태어를 사용해서 자신이 페미니스트가 아니며, 페미니스트를 싫어한다는 양심고백을 해야 했다. 하지만 이 사냥은 모든 여성이 아니라 늘 취약한 위치에 있는 여성에게만 집중되었다. 가령 이번 올림픽을 계기로 국민 스포츠로 위상이 올라간 여자 배구 선수 중 머리 스타일을 쇼트커트로 바꾼 몇몇 스타급 선수의 경우 이들에게는 어떤 공격도 하지 않았다. 오히려 잘 어울린다, 똑똑하고 강인해 보인다 따위의 칭찬 댓글이 줄을 이었다.

20대 남자 사이에 이렇게 페미니스트 사냥이 퍼지는 까닭은 무엇일까? 놀랍게도 이대남은 자신들의 행위를 백래시가 아니라 '성차별에 대한 저항'이라고 주장한다. 이들은 평등한 상황이 싫어서 반응하는 것이 아니라 자기네가 성차별 피해자이기 때문에 반발하는 것이라고 주장하는 것이다. 이들은 2021년 현재 대한민국의 상황을 페미니즘이 일으킨 역차별 때문에 남성이 차별받고 있으며, 특히 20대 남자가 그 고통을 당하고 있다고 주장한다.

그러면서 대두되는 쟁점이 공정성이다. 그들은 페미니즘 때문에 여성에 대한 차별 제거라는 명목으로 공정성이 훼손되어 세상이 엉망이 되었고, 그 피해를 자기들이 보고 있다고 주장한다. 이들의 논리는 아주 단순하다. 페미니즘은 나쁘다. 정부가 남성을 역차별하게 만들었기 때문이다. 그리고 그 역차별은 공정을 해치면서 나라의 근본을 흔들고 있다.

그런데 다시 한번 이 목소리의 발화자를 살펴보면 엉뚱한 현상을 발견할 수 있다. 이 공정 담론, 안티페미니즘의 진원지가 20대 남자가 아니기 때문이다. 이 공정 담론과 안티페미니즘을 가장

목 놓아 부르짖는 사람은 엉뚱하게 이대남의 대변인을 자처하는 20대 후반에서 30대 남자들이다. 청춘의 한가운데 있는 20대 초중반 남자들의 목소리는 실제로 언론이나 공론장에서 잘 들리지 않는다. 그리고 들어 보더라도 공정, 차별, 역차별 같은 말은 생각보다 많이 하지 않는다. 오히려 20대 남자가 신경 쓰는 것은 차별이 아니라 '남혐남성혐오'이다. 그들은 페미니즘이 '남성혐오'를 조장하기 때문에 나쁘며, 자신들이 바로 그 혐오의 피해자라고 주장하는 것이다.

한마디로 자기 또래의 젊은 여성이 남성을 혐오하여 같이 놀아 주지 않고 여자끼리만 논다는 것이다. 정치권에서 신경 쓴 이대남의 목소리가 "예전에 남자라서 더 많이 받았던 내 밥그릇 돌려줘."라는 20대 후반에서 30대 남자의 목소리라면, 이들에게마저 밀려서 소외된 20대 남자의 진짜 목소리는 "나를 미워하지 마."라고 단순하게 정리할 수 있다. 그렇다면 문제는 다음과 같이 정리할 수 있다.

여자들이 정말 남자들을 혐오해서 같이 안 놀아 주는가?
여자들이 남자들을 혐오하는 원인이 페미니즘인가?

페미니즘은 남성혐오인가?

첫 번째 물음에 대한 답을 찾아보자. 대한민국은 정말 남성혐오가 만연한 사회가 됐을까? 일단 사람 사는 세상이 다 그렇지만 대한민국 여성 중 남성혐오 정서를 가진 사람이 없다고는 말할 수 없다. 실제로 메갈리안이나 워마드, 그리고 사라진 그들의 뒤를 잇는 사람들이 트위터 등에서 남성혐오라 불릴만한 험한 말을 건네는 것도 사실이다.

하지만 수천 명의 여성이 인터넷 공간에서 아무리 '한남충'이라는 말을 유포하고 '재기해'라는 반인륜적인 말을 사용한다고 한들 남성혐오가 만연하다고 할 수 없다. 이것은 오직 익명의 인터넷 공간에서의 일일 뿐이다. 남성혐오라는 말이 성립하려면 그들의 그런 말 때문에 한국 국적을 가진 남성이 자신의 '한남됨'을 비참하게 생각하고 외출을 두려워하고 여자들과 눈이 마주치는 것을 걱정하는 따위의 결과가 나와야 한다.

인종 혐오의 경우를 들어 비유해 보자. 미국에서 흑인끼리 모여 백인을 욕하는 상황이 있을 수 있다. 당연히 적지 않을 것이다. 흑인이 자기들만의 인터넷 공동체에서 백인을 비하하고 욕하는 나름의 은어를 만들어 서로 돌려 보며 낄낄거리는 모습을 상상하는 것은 그리 어려운 일이 아니다. 물론 이런 행동을 정당화하는 것은 아니다. 어떤 이유로든 인종주의는 용납할 수 없는 범죄다. 하지만 이들의 행위를 '백인혐오'라고 부르면서 백인의 '유색인종 혐오'와 동일선상에 놓고 취급할 수 있을까? 아무도 그렇게 생각하지 않을 것이다.

이런 행위가 실제로 '혐오'로 성립되려면 이들이 '흰둥이'와 같이 백인을 조롱하는 말을 만들어 퍼뜨린 결과 백인이 흑인을 두려워하고, 흑인 앞에서 위축되어야 한다. 또 이들이 이렇게 흰둥이 타령을 함으로써 백인이 사회적, 경제적으로 배제되고 피해 보는 상황도 발생해야 한다. 또 흑인이 길거리에서 백인을 노려보며 이런 말을 지껄이면 백인이 화가 나도 쉽게 대응하지 못하며 슬금슬금 피하는 상황이 발생해야 한다.

실제로 흑인 공동체 안에서 백인에 대한 적대감과 혐오감을 드러내는 표현이 난무한 것은 어제오늘 일이 아니다. 힙합 중 조금 거친 노래에는 훤둥이 어쩌고 하는 표현이 난무한다. 그런데도 미국의 백인이 "물론 과거에 백인이 인종차별 한 면은 인정한다. 하지만 그거는 옛날 일이고 지금은 너희도 백인혐오하지 않느냐?"는 식의 피장파장 논법으로 대응하지 않는다. 힘의 불균형이 존재하기 때문이다.

다른 예를 들어 보자. 우리나라에서 가장 욕을 많이 먹는 대학은 서울대학교다. 서울대 출신이 없는 모임에서 어쩌다 서울대가 화제에 오르면 온갖 나쁜 말은 다 나올 것이다. 서울대 출신은 인성이 나쁘다, 자기 잘난 줄만 알아서 협동심이 없다, 공부만 할 줄 알았지 실무 능력이 없는 헛똑똑이다 등등 아마 책 한 권 분량이 쏟아져 나올 것이다. 우리나라 전역에 서울대학에 대한 혐오 정서가 공유되고 있는 게 아닐까 싶은 정도다.

그런데 이 대화를 참다못한 누군가가 "당신들은 지금 학벌주의 발언, 학벌 차별 발언을 하고 있다."라고 항의한다면 이 항의가 진지하게 받아들여질까? 틀림없이 저 발언은 특정 학벌을 가지고 있다는 이유만으로 그 집단 사람 전체를 평가절하하는 의미를 담고 있다. 하지만 누구도 저 발언들을 학벌 차별 발언이라고 듣지 않을 것이다.

그 반대의 경우는 어떨까? 만약 지방대 졸업자가 포함된 자리에서 "지잡대" 따위의 말을 주고받았다면? 그래서 그 자리에 있는 지방대 출신이 강력하게 항의했다면? 아마 앞선 경우와는 전혀 다른 취급을 받을 것이다. 이것은 틀림없는 차별이며 혐오라는 판정을 받을 것이다. 만약 그 발언을 한 사람이 정치인이거나 고위 공직자라면 그 커리어가 위험에 빠질 수 있을 것이다. 학벌 차별이라는 말의 사전적 의미는 "다른 대학 출신이라는 이유로 차별하는 것"이지만, 그렇다고 기득권에 해당하는 대학과 그렇지 않은 대학이 똑같이 '다른 대학'의 자격을 가지는 것은 아니다.

주제를 다시 '남혐'으로 돌려 보자. 우리나라에서 남혐이라는 말을 여혐과 같은 수준에서 사용할 수 있을까? 그래서 "우리는 여혐 안 할 테니까, 너희도 남혐 하지 말아라."라는 소위 "건전한 페미니즘" 훈계가 성립할 수 있을까? 그러려면 남성 중 상당수가 여성이 드러내는 "남성혐오적" 표현 때문에 두려움을 느끼고 위축되어야 한다.

하지만 그동안 아무리 여성의 권리가 과거보다 많이 신장되었다 해도, 한국 남성이 정말 그럴 정도의 위치에 있는 것으로는 보이지 않는다. '남혐 표현' 때문에 남자들이 길에서 낯선 여자 마주치는 게 두려워졌는가? 그럴 리 없다. 반대로 메갈, 워마드에서 활동하는 소위 '불건전' 페미니스트들은 현실 세계 남자 앞에서는 그런 말을 꺼내기 어려울 것이다. 만약 어느 메갈리안이 지나가던 남성에게 "닥치고 재기해, 한남아." 이런 말을 던진다면 오히려 본인의 생명이 위험해질 수도 있는 것이 현실이다. 그 반대의 경우는? 일베 등의 여혐 커뮤니티에서 한때 성폭력을 시사하는 표현이 난무했다. 이런 표현을 본 여성은 이후 낯선 남자들과 마주치면 공포감을 느끼고 행동이 위축될 가능성이 크다. 법이 엄하게 개입하지 않는 한 남자들이 처음 만난 여자 앞에서 폭력적인 언어나 성폭력을 시사하는 행동을 하거나 심지어 실제 폭력이나 성폭력을 행사할 때 여성의 보복을 전혀 걱정하지 않음을 잘 알고 있기 때문이다.

결국 여혐과 남혐을 수평선상에서 거론하는 것은 다음과 같은 불공정 거래를 제안하는 것이나 다름없다. "너희가 숨어서 우리 욕하는 짓 안 하면, 우리도 너희 앞에서 대놓고 욕하는 거 안 할게."

나아가 "우리는 너희를 때리거나 죽이지 않을 테니, 너희는 우리를 마음속으로 싫어하거나 혐오하는지 고백하고 그렇지 않다는 것을 증명해라."까지. 이 교환이 정당해 보이는가?

조금이라도 지적인 훈련을 받은 남성이라면 같은 남성으로서도 경멸하기 마련인 저속한 여성 혐오 표현과 수많은 여성이 세대를 거쳐 구축해 온 페미니즘을 같은 혐오로 퉁치는 게 말도 안 된다는 것을 알 수 있다. 이건 마치 "남성은 욕을 하지 않을 테니 여성은 말을 하지 말라."라고 하는 것이나, 남성은 발바닥에 묻은 오물을 포기할 용의가 있으니 여성에게 그 등가 교환 대상으로 전두엽을 포기하라고 하는 것이나 마찬가지다.

여성혐오가 아니라 미소지니

이렇게 도저히 교환비가 성립하지 않는 '기분 나쁘다 VS 생명의 위험'과 같은 남성혐오 반대와 여성혐오 반대가 마치 등가인 것 같은 착각을 불러일으킨 까닭은 무엇일까? 가장 결정적인 원인은 여성혐오, 여혐이라는 말 자체가 잘못된 번역이기 때문이다. 우리가 흔히 여성혐오라고 부르는 말은 'Female Hatred', 따라서 그 반대말로 'Male Hatred'가 성립되는 그런 종류의 말을 번역한 것이 아니다. 여성혐오는 미소지니Misogyny의 번역어다. 이 단어는 그 자체로 하나의 개념이며, 이 안에는 남성과 여성을 구별하는 어떤 관형어도 붙어 있지 않다. 즉 혐오라는 단어가 따로 있고, 거기에 여성, 남성이라는 관형어가 붙는 것이 아니라 이 단어 자체가 '여성을 대상으로 하는 혐오'라는 단일한 개념을 가지고 있다.

이 단어가 개념어라는 점에 유의해야 한다. 개념어는 그 안에 매우 많은 의미가 하나의 단어로 압축되어 있으며, 이 압축을 풀어내는 것이 바로 해석의 과정이다. 이 복잡한 개념어를 해석하는 과정 없이 번역어가 가진 단순한 뜻으로 이해해 버리기 때문에 자꾸 오해가 발생하는 것이다.

문제는 이 단어가 가진 많은 의미를 모두 포괄하면서도 하나나 두 개의 단어로 이를 표현할 적절한 우리말이 없다는 것이다. 심지어 한자어를 억지로 조합해도 어렵다. 따라서 Misogyny의 번역어로 가장 적절한 단어는 그냥 '미소지니'다. 학생들에게도 굳이 '여성혐오' 혹은 '혐오' 등의 뜻으로 번역하지 말고 미소지니라는 단어 그 자체로 가르쳐야 나중에 오해가 생기지 않는다.

군이 이 개념어를 '여성혐오'라고 번역하면 마치 그 대응되는 개념으로서 '남성혐오'라는 말이 성립할 것 같은 오해가 생긴다. 그리하여 여성 혐오에 맞서는 페미니즘과 남성을 혐오하는 페미니즘을 구별하게 하여 '건전한 페미니즘' 따위의 말까지 나오게 된다. 이 건전함과 나쁨을 누가 판단하는가? 남성혐오인지 아닌지가 기준이 된다면 남성일 수밖에 없다. 따라서 건전한 페미니즘이라는 말은 남성이 페미니즘의 가치를 판단하는 판관이 되겠다는 선언이나 다름없다.

미소지니를 그대로 사용하면 이런 논리적 빈틈이 없다. 이제 미소지니라는 개념에 어떤 복잡한 의미가 압축되어 있는지 하나하나 풀어 헤쳐 보자.

미소지니를 구성하는 첫 번째 요소는 '남성우월주의'다. 남성우월주의 역시 그렇게 단순한 말이 아니라 하나의 개념이다. 단지 남성이 여성보다 우월하다는 정도가 아니다. 남성의 정의부터 다시 해야 한다. 여기서 남성은 성정체성이 아니라 생물학적 남성, 즉 남성의 생식기를 가진 사람이다. 남성우월주의는 "남성의 생식기를 가진 사람이 그렇지 않은 사람보다 우월하며, 더 올바른 판단과 결정을 내릴 수 있다"는 신념이다. 남성우월주의자에게 남성의 생식기는 이성과 용기 그리고 불굴의 의지와 냉철함 등을 주는 제2의 두뇌다. 인간은 전두엽을 가진 생각하는 동물이지만, 남성우월주의자에게 전두엽은 불완전한 기관이다. 전두엽은 남성의 생식기와 결합해야만 완전체가 된다. 20세기 초반까지도 남성과 여성의 두뇌 자체가 다르다는 믿음이 널리 유포되어 있었다.

이들에게 여성은 다른 생식기를 가진 존재가 아니라 생식기가 모자란 존재이며 불완전한 인간이다. 마찬가지로 남성의 생식기가 제 기능을 못 하는, 2차 성징이 나타나지 않은 소년 역시 불완전한 인간이다. 따라서 어린이와 여성은 동급이다. 바로 아녀자 兒女子다. 아녀자는 때로는 약자로서 배려의 대상이 될 수는 있지만 온전한 판단을 하는 하나의 주체로 대접할 수는 없다. 위기 상황에 발휘되는 이른바 신사도는 "어린이와 여성을 먼저 대피"시키라고 요구한다. 이는 여성을 존중해서 나온 매너가 아니다. 여기에는 어린이는 물론 여성이 위기 상황을 극복하는 데 도움이 될 가능성을 전혀 고려하지 않는 평가절하가 담겨 있다. 입센의 기념비적인 작품《인형의 집》에서 헬머 박사는 아이들의 엄마이기도 한 아내를 아이들과 동급으로 취급한다. 헬머는 아내를 그저 '귀여운 나의 다람쥐'로 부르며, 아이들이 장난감과 놀이 생각밖에 하지 않는 것처럼, 옷, 장신구, 그리고 파티만 생각하는 유치한 존재로 취급한다.

정리하면 남성우월주의는 단지 남성이 여성보다 더 유능하다거나 강하다고 주장하는 단순한 것이 아니라 남성이 완전한 인간이며 여성은 나이가 아무리 많고, 교육 수준이 높아도 어린이와 마찬가지로 미성숙하고 불완전한 개체라는 의미가 있다. 유능과 무능의 차원이 아니라 완전하고 불완전하고의 차원이다. 이런 신념 체계에서는 각종 직업이나 사회적 지위에서 남성이 여성을 관리, 감독, 그리고 처벌까지 할 수 있는 위치에 있는 것이 정당하고 합리적인 처사가 된다.

심지어 이런 논리를 따라가면 성인 여성은 남자 어린이보다 열등한 존재가 된다. 남자 어린이에게는 완성될 미래, 즉 남자 어른이 될 미래가 기다리고 있지만 여성은 영원히 완성에 이를 수 없는 존재기 때문이다. 이는 사람을 가리키는 명사와 남자가 같은 단어를 사용하는 것을 통해 확인할 수 있다. 남자=사람Man, Mann 이며 여자는 그 앞에 접두어를 붙인 Woman이다. 마블 영화 〈캡틴 아메리카: 시빌 워〉미국, 앤서니 루소·조 루소, 2016에서 아직 10대 고등학생인 피터가 자신을 스파이더'맨'이라고 소개하자 토니 스타크가 같잖다는 듯이 "맨?" 하고 반문하는 장면이 이를 상징한다. '맨'의 의미를 얼마나 크게 보는지 잘 보여 준다. 아버지가 먼길을 떠나면서 십 대 초반의 아들에게 "이제 네가 엄마랑 동생을 지켜 주어야 한다."라며 신신당부하는 장면은 1980년대까지도 할리우드 영화, 특히 디즈니 영화의 클리셰나 다름없었다.

남성의 생식기가 가진 신묘한 힘이 무엇이기에 완전한 인간성의 열쇠라는 것인지 과학적인 증거는 물론 없다. 대체로 남성이 여성보다 근력이 더 강하고 공격적인 성향을 보이는 것은 사실이다. 하지만 힘과 공격성의 시대는 18세기를 마지막으로 사라진 지 오래다. 18세기까지는 남성이 힘이 세기 때문에 여성보다 우월하다고 주장했는데, 18세기 이후, 특히 19세기부터는 남성만이 이성적이고 합리적인 판단을 할 수 있기 때문이라고 주장했다. 아마 이성보다 감성이 중요한 시대가 온다면 남성우월주의자들은 남성만이 진실한 감정을 가질 수 있다고 주장할 것이다. 실제로 계몽주의, 합리주의에 반발한 낭만주의의 상징인 《젊은 베르테르의 슬픔》 같은 작품에서 진실한 감정은 베르테르의 몫이지 샤를로테의 몫이 아니다.

어쨌든 남성우월주의자는 이 작은 해부학적인 차이를 존재론적으로 확장한다. 이는 전형적인 남성의 특징을 완성되고 성숙하고 믿을 수 있는 인간의 속성으로 규정하고, 여기서 벗어나는 특징을 미숙하고 신뢰하기 어려운 불완전한 인간의 속성으로 폄하한다.

그리하여 만들어진 남성의 특징은 이렇다.

- 남자는 감정을 드러내지 않으며 휘둘리지 않는다.
- 남자는 자신의 감정이 아니라 냉정한 이성에 따라 판단한다.
- 남자는 현 상태에 머무르지 않고 최고의 위치에 오르려는 승리욕이 있다.
- 남자는 지지 않으려는 승리욕이 있다.
- 남자는 고통이나 두려움을 회피하지 않고 싸워 이기는 인내심과 용기가 있다.
- 남자는 승패를 결정하는 중요한 것들이 아닌 사소한 것들은 무시하는 대범함이 있다.

남자는 여자보다 신체적으로 더 강하고 정신적으로는 더 차가우며 관계보다 목표를 지향하며, 다른 사람에게 공감, 몰입하기보다는 대상화하여 생각하는 경향이 강하다. 심지어 자기 자신도 대상화한다. 한마디로 객관적이다. 남성은 객관적이고 여성은 주관적이다. 남성은 자기 객관화가 가능하고 여성은 자기 객관화가 불가능하다.

남성성을 내세워 성인의 자격을 독차지하는 남성우월주의

이런 기질상의 차이가 어느 정도 실재하는 것도 사실이다. 남성과 여성의 성향 차이는 문화적으로 만들어지는 것만은 아니다. 영유아기 때부터 여아와 남아는 성향, 관심사, 행태에서 상당한 차이를 보인다. 남아는 사물이나 대상에 관심을 기울이고, 여아는 다른 사람과의 관계에 관심을 기울이는 경향이 강하다. 남아보다 여아가 눈 맞추기를 훨씬 잘한다는 것 역시 널리 알려진 사실이다. 자기 딸을 전형적인 여성성의 소유자로 만들지 않으려 의식적으로 노력하는 급진 페미니스트의 딸조차 결국은 여성성을 드러내기 마련이다. 오히려 이런 기질적인 차이가 존재하지 않는다고 강변하는 것이 반페미니즘적이다. 이는 은연중에 '남성적'인 기질의 우월성을 스스로 인정하는 자가당착에 빠지기 때문이다. '남성적', '남자다움'이라는 말이 괜히 나온 것이 아니다. 자연 상태에서 남성에게 더 많이 발현되는 특징이기 때문이다.

문제는 이것을 '남성성'이라고 부르는 것이다. 남성에게서 더 많이 나타난다고 해서 그것을 '남성성', '남성적' 이렇게 규정할 이유는 없다. 가령 용기는 용기일 뿐 남성성의 한 부분이 아니다. 이런 식으로 규정하는 순간 이 기질과 특성은 모든 남성이 당연히 가지고 있는 것, 심지어 가지고 있어야만 하는 것, 남성을 특징짓는 것이 되어 버리고 여성은 절대 가질 수 없는 것, 가져서도 안되는 것이 되어 버린다. 이는 여성은 물론 남성에게도 바람직하지 않은 결과를 가져온다.

이러한 논리를 바탕으로 남성은 남성성을 가졌기 때문에 여성보다 우월하며, 여성은 남성성이 없으므로 열등하다는 남성우월주의가 세워진다. 즉 특정한 기질과 성향의 차이가 아예 인간의 가치를 측정하는 척도가 되어 버리고 이를 근거로 지배—피지배 관계를 정당화하는 것이다. 이에 따라 다른 사람을 공감하고 배려하고 솔직한 감정을 표현하고, 미적인 것을 추구하고, 승패보다는 포용과 화합을 중요하게 여기는 기질과 성향은 이른바 남성적인 기질, 성향보다 열등한 것이 되며, 그런 기질과 성향을 더 많이 드러내는 여성은 열등한 존재가 된다.

남성우월주의의 다음 순서는 사실상 성인의 자격을 남성이 독점하는 것이다. 여성은 어린이와 마찬가지로 남성의 지도와 관리·감독을 받아야 한다. 여성은 남성성과 대비되는 여성성을 가진 존재가 아니라 남성성이 결핍된 존재다. 남성성의 결핍은 동물과 완전한 사람 중간 어딘가에 있는 열등한 존재라는 뜻이다. 따라서 남성의 관리·감독이 필수다.

남성우월주의는 사회적 분업의 기준이 되기도 한다. 마르크스주의가 주장하는 것처럼 사회적 지위의 위계는 단지 생산 수단의 소유 여부에 따라 결정되지 않는다. 그것은 다만 하나의 축일 뿐이며, 그 축, 즉 계급이라는 축을 횡단하는 젠더의 축이 있다. 이 젠더의 축을 따라 여성이 담당하게 되어 있는 사회적 지위와 역할은 열등한 지위로 규정되며 남성이 담당하는 지위의 관리·감독을 받고 더 적은 자원을 보상으로 할당받는다. 이때 그 역할을 담당하는 사람의 생물학적 성별은 중요하지 않다. 설사 남성이 담당한다고 할지라도 그 지위 전체 집단을 여성으로 규정하기 때문이다.

사실 사회적 역할에 경중을 따지고 위계를 매기는 것은 대단히 비합리적인 처사다. 사회, 특히 고도로 발달한 사회는 하나의 복잡한 유기체를 이룬다. 이 유기체에서 어떤 역할이 다른 역할보다 더 중요하고 우월하다고 말할 수 없다. 역할들은 모두 상호의존적 관계를 맺으며 하나의 체계를 이루기 때문이다. 따라서 사회적 분업에서 각각의 역할을 담당한 지위는 수평적 관계를 원칙으로 한다.

이미 수천 년 전 플라톤은 사회적 역할의 배분을 타고난 신분이나 혈통이 아니라 교육을 통해 드러나는 사람들의 기질과 성향에 따라 할당할 것을 주장했다. 심지어 플라톤은 여기서 여성을 배제하지 않았다. 여성이라도 기개가 있거나 지혜가 있으면 얼마든지 수호자나 통치자가 될 수 있다는 것이다. 다만 플라톤은 수호자나 통치자가 생산자보다 더 우월하고 위계가 높은 계층이 되는 것을 막기 위해 핸디캡을 주었다. 그래서 수호자의 지위를 담당한 사람들은 재산의 축적을 금지하고, 통치자는 독신으로 살며 가족을 이루지 못하게 하는 등 상인이나 기술자 같은 생산적인 역할을 담당하는 사람들과 균형을 맞추고자 하였다.

하지만 여기에 남성우월주의가 적용되면 그런 세심한 배려가 들어설 자리가 사라진다. '남성성'으로 규정된 기질과 성향이 요구되는 역할을 담당하는 사회적 지위가 다른 사회적 지위보다 우월한 위계를 차지하며, 그 지위가 다른 지위를 지도하고 감독하며, 더 많은 사회적 자원을 분배받는다. 이러한 원리가 적용됨에 따라 세계 어느 곳에서나 남성우월주의가 관철된 사회는 돌봄, 교육, 예술 같은 영역의 지위가 법조, 경제, 경영, 행정, 군사와 관련된 지위보다 열등한 위치에 있게 된다. 이 중 상당수는 여성이 '무보수'로 전담하게 되며, 설사 보수가 있다고 하더라도 남성이 담당하는 역할에 비해 훨씬 적다.

남성우월주의의 논리 구조에서 여성은 '여성성'을 가진 존재가 아니라 '남성성'을 결핍한 존재다. 따라서 이른바 '여자들 일'은 남자가 할 수 없는 여성 고유의 일이 아니다. 남자도 하고자 하면 얼마든지 할 수 있지만 더 큰 일을 해야 하므로 여자에게 맡긴 것에 불과하다. 따라서 이러한 일을 담당하는 남자가 있다는 것이 아주 불가능한 것은 아니지만, 다만 이들은 남성 중 다소 뒤떨어진 자, 즉 일종의 패배자로 간주한다.

오늘날까지도 법조, 경제, 경영, 행정 등을 담당하는 지위에는 여전히 남성의 비율이 높고, 여성의 진출은 쉽지 않고, 설사 진출하더라도 보이지 않는 천장에 가로막힌다. 그래서 여성운동가들은 이 유리천장을 제거하는 데 큰 노력을 기울였다. 하지만 미소지니에 대항하는 것이 여성운동의 진정한 목적임을 고려하면 그것이 과연 여성운동의 본분인지 확신하기 어렵다. 유리천장이 심각한 성차별이긴 하지만 더 근본적인 성차별은 그런 지위가 돌봄, 교육, 예술 등을 담당하는 지위보다 사회적 사다리의 높은 자리에 배치되는 것이기 때문이다. 지배자의 위치에 있는 사회적 지위에 여성이 진출하는 것도 성평등 과정이지만, 근본적인 성평등은 '여성적인 일'이라고 여겨진 역할들의 사회적 위치와 보상을 개선하는 것, 나아가 사회적 역할 간의 위계적인 지배 질서를 거부하고 무너뜨리는 것이라야 한다. 이것이 바로 사회적으로 관철된 집단적 미소지니에 대한 확실한 반격이다.

　그러나 현실은 여전히 예술, 돌봄, 교육 등의 직종에 대해 경영, 행정 직종의 우위가 관철되고 있다는 것이며, 그 우위가 21세기 들어 오히려 더 강해지고 있다는 것이다. 이 영역의 유리천장이 과거보다 얇아지고 여성의 진출이 늘어났음에도, 오히려 보살핌, 교육, 예술 직종에 대해 과도한 간섭과 갑질은 늘어나고 있다. 심지어 유리천장을 뚫고 진출한 여성마저 이 집단 미소지니에 가담한다. '여자일'을 하는 다른 여성과 자신을 동등하게 보지 않는 것이다. 이른바 성공한 여성뿐 아니라 유리천장 제거를 요구하는 여성활동가 중에서도 '여자일', '여성성'이라 불리는 것을 폄하하고, 그런 일을 중요하게 생각하는 여성을 시대착오로 비난하는 경우가 있다. 그런 소수 활동가의 모습이 전업주부들 사이에 페미니스트에 대한 나쁜 이미지를 퍼뜨리는 원인이 된다. 그래서 전업주부나 이른바 여자 일을 하는 많은 여성에게 힐러리 클린턴이 비호감이었던 이유다.

이렇게 많은 의미와 행동과 문제가 하나의 단어로 압축된 개념이 미소지니다. 그러니 이 용어를 '여성혐오'라고 번역하는 과정에서 얼마나 많은 의미가 삭제되고, 그것이 얼마나 많은 오해를 불러일으켰는지 짐작하기 어렵지 않다.

폭력을 정당화하는 미소지니

더구나 아직도 미소지니의 전모가 다 드러나지 않았다. 미소지니의 가장 원초적이고, 근본적인, 그리고 가장 심각하고 위험한 문제가 남았다. 그것은 바로 미소지니가 폭력을 정당화한다는 것이다. 미소지니는 남성의 우월성을 주장하고 우월한 지위를 정당화할 뿐 아니라 가부장제와 결합하면 여성에 대한 폭력까지 정당화하는 위험한 사고방식이다.

논리는 이런 식으로 흘러간다. 일단 남성은 어른이고 여성은 어린이다. 이것이 집안의 어른은 어린이를 교육과 훈육이라는 명분으로 전적인 지배권을 가진다는 가부장제와 결합한다. 가부장제 논리에서는 미숙한 어린이를 훈육하고 처벌하는 것은 집안 어른이 가지는 당연한 권리다. 그런데 집안의 어른이란 집안에서 가장 나이가 많은 남성이다. 여성은 아무리 나이가 많아도 어린이와 남자 어른 중간이다. 따라서 성인 남성은 여성에 대해 교육과 훈육의 권리를 가지며, 이를 위해 행해지는 처벌은 정당하다.

실제로 미소지니가 심한 사회는 아무 연고가 없는 남성이 여성에게 "처벌의 의미로" 종종 폭력을 행사한다. 같은 공간에 존재하는 남성과 여성이라는 규정만으로 이미 교육, 훈육, 처벌의 권리가 발생한다고 믿는 것이다. 특히 이슬람 근본주의가 널리 퍼진 지역에서는 이러한 미소지니의 민낯이 고스란히 드러난다. 이슬람 근본주의는 혈연의 범위를 넘어 무슬림 사회 전체를 하나의 가족 공동체로 보기 때문이다. 친족 남성이 '명예살인'이라는 명분으로 친족 여성을 살해할 수 있는 논리에서, 낯선 남성이 낯선 여성을 폭행하는 정도야 얼마든지 정당화할 수 있다.

심지어 무슬림 국가 중 자유주의 가치가 정착되어 사실상 유럽 국가와 별 차이가 없다고 알려졌던 터키에서도 이슬람 근본주의가 확산하면서 여성에 대한 '처벌성' 폭행이 많이 늘어나 충격을 안겨 주었다. 심지어 그 폭행은 자국민뿐 아니라 외국 관광객에게까지 행사되었다. 외국 여성 관광객이 반바지 등 피부 노출이 많은 옷을 입고 여행하다 낯선 터키 남성에게 욕을 듣거나 폭행당한 사례는 더 이상 뉴스에 나오지도 않을 정도로 흔한 일이다.

더욱 충격적인 것은 이러한 상황을 해석하는 다른 나라의 반응이다. 각종 여행안내 책자나 웹사이트 등에서 이러한 현상을 터키 사회의 심각한 미소지니 확대로 해석하고 우려하는 대신 단지 문화 차이로 해석한다. "우리나라는 여성의 상체 노출보다 하체 노출에 관대하지만, 터키는 그 반대니 주의하라." 이런 정도로 소개하고 마는 것이다. 마치 우리나라는 상체를 노출하면 남자들이 흘끔거리고 터키는 하체를 노출하면 흘끔거린다는 정도로 가볍게 보는 것이다.

문제는 노출에 대한 터부가 아니라 그것을 빌미로 이루어지는 폭력이다. 하체 노출을 금기시하는 나라에서 핫팬츠를 입고 여행하면 낯선 남성에게 폭행당하는 걸 마치 당연한 상수로 생각하는 것은 너무도 부당한 태도다. 그렇다면 여행하는 여성이 현지 남성에게 폭행당할 경우, 그것은 문화 다양성을 미처 인식하지 못한 탓이란 말인가? 그러니까 피해자가 아니라 폭행을 자초한 구타 유발자란 뜻인가?

물론 출판사나 웹진 편집자가 일부러 그런 인식을 하고 글을 쓰지는 않았을 것이지만 이런 문제의식을 미처 느끼지 못했다는 것이 문제다. 그만큼 세상을 바라보는 관점이 '남성의 눈'에 치우쳐 있다는 뜻이기 때문이다. 그 남성의 눈은 항상 여성을 가르치고, 훈육하고, 처벌할 대상으로 본다. 더구나 그 작가나 편집자가 여성인 경우도 있는데, 이는 은연중에 이런 사고방식에 길들었다고 봐야 할 것이다.

미소지니가 매우 심각한 나라에서는 성폭행조차 이런 식으로 정당화된다. 여자가 혼자 나돌아 다니거나 살을 드러내고 다니면 어떻게 되는지 그 본보기를 보임으로써 다른 여성에게 경각심을 일깨운 것이지 성폭행이 아니라는 것이다. 혹은 남자들이 얼마나 위험한 짐승인지 모르는 순진한 여성에게 본보기를 보여 줌으로써 사례 학습시켜 준 것이라는 식으로 정당화하기도 한다. 오히려 성폭행 피해자에게 책임을 전가하기도 한다. 남자들이 알아서 잘 살아가고 있는데 묘한 복장이나 포즈로 그만 간신히 잠재워 놓았던 짐승을 일깨웠다는 식으로.

이는 여성을 단지 미성숙한 혹은 성숙해질 가망이 없는 어린이로만 보는 것이 아니라 죄악의 씨앗, 유혹의 도구로 보는 고대 종교의 흔적이다. 여성의 머리카락과 피부가 바깥에 드러나면 안 된다는 무슬림 국가의 금기, 혹은 동남아시아 불교 국가에 남아 있는 여성이 승려에게 말을 걸면 안 된다는 금기는 여성이라는 성별 전체를 일종의 죄인 혹은 번식을 위한 필요악 정도로 보는 것이다.

이런 것들을 과연 단지 문화 다양성으로 너그럽게 받아들일 수 있을지 혹은 미소지니로 보아야 할지에 관한 토론이 필요하다. 더구나 자신과 관계없는 낯선 여성을 남성이 가르칠 수 있다고 여기는 믿음에서 비롯되는 폭력은 무슬림 문화권만의 현상이 아니다. 우리나라에서도 불과 10여 년 전까지 미니스커트를 입은 여성에게 한 소리 하는 남성을 종종 찾아볼 수 있었다. 때로는 노출이 심한 복장이 데이트 폭력으로 이어질 때도 있었다. 이 남성은 자기 여자 친구를 '훈육'했다고 생각할 것이다. 특히 수도권에서 멀어질수록 그런 사례를 더 많이 접하게 된다.

나아가 미소지니는 가정 밖에서 사회 활동 하는 혹은 사회가 허용한 여성의 일 이외의 일을 하는 여성마저 처벌과 응징의 대상으로 바라보게 만든다. 여성이 가정주부 혹은 간호사, 교사, 보육사 같은 일이 아닌 일, 즉 남자의 영역에서 일한다는 것 자체가 이미 주제넘은 일이며 신성한 가부장제의 질서를 흐트러뜨리는 일이 된다. 따라서 여성에게 주어진 영역 밖에서 일한다거나, 이를 준비하기 위해 공부하는 여성은 모두 남성의 처벌 대상이 되며, 이들에게 가해지는 남성의 처벌도 모두 '교육적으로' 정당화된다.

2021년 탈레반이 아프가니스탄의 권력을 차지하자 가장 큰 공포에 사로잡힌 집단은 여대생이었다. 비록 탈레반 정권 수뇌부는 미국이나 유럽의 경제지원이 절실했기 때문에 여성의 교육권을 어느 정도 인정한다는 메시지를 계속 던졌지만, 여학생을 향해 가해지는 아프가니스탄 남성의 무차별적인 폭력은 이미 탈레반조차 통제하기 어려운 지경이 되었다. 특히 이슬람교에서는 사회 전체를 하나의 가족으로 보기 때문에 탈레반과 같은 극단주의자들은 '주제넘은 여성'에 대한 교육, 훈육, 처벌의 권한이 그 여성의 직계 가족뿐 아니라 같은 공동체의 모든 남성이 공유한다고 멋대로 해석하기 쉽다.

　　우리나라, 미국, 서유럽 등 선진 지역에서 종종 발생하는 불특정 여성에 대한 "묻지 마 폭력" 역시 단지 "여자가 싫어서" 저지르는 것이 아니다. 불특정 여성을 대상으로 하는 폭력은 특정 인종이나 종교 집단을 상대로 이루어지는 혐오, 증오 범죄와 성격이 좀 다르다. 인종이나 종교를 대상으로 하는 혐오 범죄는 그 인종이나 종교가 공동체에 해롭기 때문이라고 스스로 정당화한다. 그래서 이 종류의 혐오 범죄자들은 단체를 결성하는 방향으로 흘러가며, 자신들을 '민병대', '자경단' 같은 식으로 자리매김한다. 이들의 목적은 혐오 대상의 박멸과 추방이다.

　　반면 여성을 대상으로 하는 혐오 범죄는 여성을 박멸하거나 추방하려 들지 않는다. 이질적인 집단을 배척하거나 추방하려는 여타의 혐오 범죄와 달리 여성을 대상으로 하는 혐오 범죄는 "질서를 잡는"다고 주장한다. 즉 일부 주제넘은 여성을 응징함으로써,

혹은 시건방지게 바뀐 여성 집단 전체를 대신하여 본보기로 삼은 몇몇 여성을 응징함으로써 여성에 대한 남성의 지배를 확인하는 것이다. 이는 여성에게 내리는 처벌이지 전쟁이나 토벌이 아니다. 따라서 여성에게 일어나는 혐오 범죄는 단독범이 많고 민병대 같은 식으로 조직화하지 않는다.

사회적으로 실패한 남성이 쉽사리 여성혐오 범죄를 저지르는 까닭도 자신이 보유한 유일한 지위인 남성의 권한이라도 행사하겠다는 생각에 사로잡히기 때문이다. 외국인을 대상으로 저지르는 사회적 실패자의 혐오 범죄는 외국인이 빼앗아 간 자신의 지위나 일자리 등을 되찾아야 한다는 동기가 작용하지만 여성을 대상으로 저지르는 혐오 범죄는 남성이라는 지위를 확인하기 위해 저지른다.

이 남성 루저는 명문대학, 좋은 직장 등에 자리 잡은 여성을 자신의 경쟁자, 자신의 자리를 빼앗아 간 승리자로 보지 않는다. 그들은 그 여성들이 아니더라도 자기가 그 자리에 가기 어려웠다는 것을 순순히 인정한다. 다만 그 자리에 여자가 가면 안 된다고 생각할 뿐이다. 그 자리는 자신이 승복할 만한 상대, 즉 남성 중 탁월한 사람이 가야 하는 자리다. 따라서 부당하게 그 자리를 차지한 여성은 응징받아 마땅한 일탈자며, 그런 일탈 여성을 처벌할 권리는 남성이라면 누구에게나 있는 것이다. 그리하여 그들은 자신들의 무차별 폭력을 화풀이나 "묻지 마 범죄"가 아니라 질서를 유지하기 위한 정당한 응징이며, 여성의 표를 걱정하느라 페미니스트에게 굽실거리는 비겁한 정치가를 대신하는 행동이라고 주장한다.

　불특정 여성을 대상으로 묻지 마 폭력을 행사한 혐오 범죄자는 대체로 범행 장소에 숨어 있으면서 남성은 그냥 보내고 여성만 골라서 범행을 저지른다. 이는 물론 남성을 상대로 범행할 힘이나 배짱이 부족해서일 수도 있다. 하지만 처음부터 남성을 응징 대상에서 제외했을 가능성이 더 크다. 자신들이 진출하지 못한 명문대학, 좋은 직장에 자리 잡은 여성을 상대로 오직 하나 남은 남성우월성의 바탕이 되는 신체적인 힘과 공격성을 행사함으로써 여자들이 제 분수를 알게 하겠다는 심리가 깔려 있다.

　이처럼 이른바 여혐이라 불리는 것은 단지 여자를 혐오하거나 싫어하거나 폄하하는 수준의 것이 아니다. 미소지니는 혐오의 한 종류가 아니라 여성에 대한 남성의 존재론적 우월감을 근거로 한다. 여성을 단지 남성보다 열등한 존재로 보는 것이 아니라 불완전한 인간, 미성숙한 인간으로 보는 것이다. 여기에 근거하여 남성의 여성에 대한 지배, 통제, 교육, 훈육, 그리고 응징과 처벌에 대한 권리까지 주장한다면 그것이 바로 미소지니다.

　그렇다면 미소지니에 대응할 만한 '남성혐오'가 실제로 존재하지 않음을 납득할 수 있다. 남성은 본질적으로 불완전한 인격체기 때문에 남성에게는 중요한 역할을 맡길 수 없으며 늘 여성의 관리·감독을 받고 때로는 처벌도 받아야 한다는 식의 사고방식이 사회 전반에 존재해야 남혐이 가능한 것이다. 최근 젊은 여성이 '한남'이라는 혐오 용어를 써 가면서 한국 남성을 비하할 때도 있지만 이때도 그 무게중심은 '남성'이 아니라 '한국'에 있다. 가부장제

168

라는 낡은 가치관을 장착한 남성이 문제지, 남성 일반을 문제 삼는 것은 아니다.

　남성의 생식기 자체가 만악의 근원이라며 그야말로 일반적인 남성혐오, 심지어 남성 생식기를 달고 있는 트랜스젠더까지 혐오의 대상으로 삼는 집단이 일부 존재하기는 하다. 하지만 그들의 생각이 남성에게 미소지니가 퍼져 있는 만큼 일반적일까? 오히려 터프 같은 극렬한 남혐러들은 여성 사이에서도 배척되는 편이다. 그러니 이들을 사례로 들어 "여혐만 있는 것이 아니라 이제는 남혐도 문제"라는 식으로 말하는 것은 부당하다.

■

남자다운 것?

– 미소지니와 가부장제가 제한하는
  남성의 자유

페미니즘 덕분에 자유로워진 남성

미소지니는 여성뿐 아니라 남성에게도 상당한 억압으로 작용한다. 우월성을 주장하는 집단 역시 그 대가를 치러야 하기 때문이다. 남자다움을 강요받는 대가, 이른바 맨박스라 불리는 대가를 치러야 한다.

사실 남성적 기질, 성향이라고 하는 것은 남성 외생식기의 존재 여부와 무관하다. 단지 발생과정에 노출된 특정한 호르몬의 작용, 그리고 여기에 따라 프로그래밍 된 내분비계 특정 호르몬의 배합 비율의 결과일 뿐이다.

이 호르몬의 배합 비율이 조금만 달라져도 해부학적 생식기의 종류와 무관하게 남성적인 기질, 여성적인 기질은 얼마든지 다르게 나타나 남자 같은 여자, 여자 같은 남자가 될 수도 있다. 무엇보다도 사람은 본능의 힘 보다 후천적 문화의 힘이 큰 독특한 존재다. 남자로 태어났다고 남자답게 살 필요 없고, 여자로 태어났다고 여자답게 살 필요가 없다. 다만 자신에게 맞는 방식으로 살 뿐이다. 즉 성은 본능뿐 아니라 양육의 결과기도 하다.

남성적인 기질과 성이 덜 드러나는 남성, 혹은 여성적인 기질과 성향을 보이는 남성도 얼마든지 있을 수 있고, 그것은 지극히 정상이며 인간적인 현상이다. 그러나 미소지니가 강한 사회에서 이런 남성은 강한 집단 압력에 시달린다. 해부학적으로 남성의 생식기를 가지고 태어났다는 이유만으로 특정한 기질과 성향을 보이거나 특정한 기질과 성향을 감추도록, 즉 남자다워지고 여자답지 않아지도록 강요받는 것이다.

하지만 실제로 적지 않은 남성이 남성적 기질과 거리가 먼 성향이나 취향을 가지고 있다. 우리 주변에도 심미적인 가치를 추구하거나 경쟁이나 싸움보다는 정서적인 공감과 관계를 중요하게 여기는 부드러운 성향이나 취향을 가진 남성을 얼마든지 찾아볼 수 있다.

미소지니가 강한 사회에서 이런 남성은 단지 취향이 별난 사람이 아니라 "사내답지 못한", 즉 "불완전한" 사람이며, 부모의 걱정거리, 집안의 부끄러움이 된다. 이런 사회에서는 이 남성들이 성장 과정에서 또래의 폭력에 노출될 가능성도 크다. 미국의 경우 보수 성향이 강한 지역에서는 2000년대 초반까지도 남학생이 부드럽거나 심미적인 취향을 감추어야 했다. 그렇지 않으면 '호모', '게이'라고 놀림당했다.

미국의 문호 스티븐 킹은 이런 남성 집단의 압력을 공포로 받아들이는 소년의 이야기를 즐겨 사용했다. 에밀 뒤르켐은 《종교사회학》에서 둘 이상의 사람이 모여 상호작용할 때 발현되는 힘은 개개인의 특성에 환원되지 않으며, 사람은 누구에게도 속하지 않는 이런 힘을 신비로운 힘, 신적인 힘으로 받아들인다고 했다. 마찬가지로 스티븐 킹은 남성 개개인의 인성으로 환원되지 않는 남성 집단에서 발현되는 압력과 잔혹함을 괴물, 악령으로 형상화하였다. 《그것》정진영 옮김, 황금가지, 2004의 괴물은 그런 남성 집단에 대한 소년의 두려움을 상징하며, 《샤이닝》이나경 옮김, 황금가지, 2003의 악령은 가부장제의 비뚤어진 힘을 상징한다. 즉 미소지니와 가부장제는 결국 남성에게도 두려움과 고통을 주는 대상이다.

미소지니가 강한 사회는 남성의 직업 선택 자유마저 제한한다. 우리나라는 20년 전만 해도 남성이 보살핌, 예술 쪽 진로를 선택하려면 가족, 특히 아버지와 거의 전쟁과 같은 갈등을 경험해야 했다. 최근에야 이른바 '셰프'라는 말, '헤어 디자이너'라는 말로 미화하면서 남성 조리사나 미용사에 대한 인식이 그나마 많이 개선되었지만, 여전히 이 분야로 진출하려는 아들을 기꺼이 응원하는 부모, 특히 아버지는 생각보다 많지 않다. 1990년대에는 젊은 남성이 '초등 교사'라는 진로를 선택하는 것조차 주변의 눈총을 받는 일이었다. 그중 가장 많이 듣던 말이 "남자가 쩨쩨하게 선생이 뭐냐?"였다. 쩨쩨하다는 것은 공격적이고 거칠고 성취 지향적인 이른바 남성적 기질과 거리가 멀다는 뜻이다.

남성이 과거보다 훨씬 자유롭게 자신의 진로를 선택할 여지가 커진 시기와 여성의 권리가 신장한 시기가 대체로 궤를 같이한다는 사실을 간과해서는 안 된다. 남학생 중 적지 않은 수가 '여성가족부 폐지론'에 동조한다. 하지만 여성가족부가 설치되고 여성의 권리가 비약적으로 신장한 시기가 남성의 진로 경직성이 완화되고 다양한 기질을 가진 남성이 억압으로부터 자유로워진 시기라는 것 역시 팩트임을 분명히 알려 주어야 한다.

요즘 젊은 남성은 비교적 감정을 쉽게 드러낸다. 때로는 "징징거리기"조차 한다. 징징거리는 것을 받아 주는 분위기조차 그들이 그토록 싫어하는 페미니즘 덕분이라는 것을 과연 알고 있을까? 미소지니가 강고하면 강고할수록 이른바 남성적인 기질과 성향은 '완전한 인간성'의 이름으로 강요되기 때문에 징징거렸다간 "남자가 약해 빠져서."라는 소리나 듣기 십상이었을 것이다.

군부대의 잔혹한 인간관계를 그린 드라마 〈D.P.〉넷플릭스, 한준희, 2021가 화제였는데, 이런 주제는 드라마 훨씬 이전인 1970년대 〈풀 메탈 자켓〉영국·미국, 스탠리 큐브릭, 1996 같은 영화에도 꾸준히 반복된 바 있다. 이른바 '사나이들의 세계'가 얼마나 억압적이고 잔인한지 보여 주는 것이다. 이 억압과 잔인함은 사나이 개개인의 인성과 무관하며, 그것은 바로 미소지니에 기반한 가부장제다. "계집애 같은 녀석"이라고 불리지 않기 위해 그 많은 폭력과 모욕을 감내해야 하며, 또 폭력과 모욕을 행사하라고 강요받는다.

  - 남자가 그까짓 일 가지고 뭘?
  - 남자는 세 번 운다. 태어날 때, 부모님이 돌아가실 때, 나라를 잃었을 때.
  - 남자가 되어서 뭘 그렇게 쩨쩨하게 따져? 그냥 넘어가.
  - 남자가 약해 빠져서, 그렇게 정에 약해서 어따 써먹어? 남자가 독해야지.

페미니즘이 어느 정도 목소리를 내기 전의 시대는 이런 식의 말이 공공연하게 언급되고 실질적인 압력으로 행사됐다.

안티페미니스트를 자처하지만,
가장 실천적 페미니스트인 이대남

이제 생각해 보자. 페미니즘이 없었다면 과연 남자는 자유와 권리를 만끽하고 살았을까? 아마 오늘날 이대남이 가정에서 혹은 학교에서 하는 말과 행동 중 절반 이상이 "사내자식이 어디서?"라는 한마디로 무시당하거나 금지되는 세상을 살았을 것이다. 실제로 가부장적 가치관을 가진 50대 이상 남성은 요즘 카페나 음식점의 남자 직원들의 말투가 마음에 안 든다, 친절하게 말하는 것이 계집애처럼 말하는 것과는 다르지 않으냐는 등의 불만을 터뜨리곤 한다. 입만 열면 안티페미를 외치는 오늘날의 이대남은 과연 그런 시대가 돌아오기를 바라는 것일까? 절대 그렇지 않을 것이다.

더구나 의외로 이대남의 정서와 가치관은 그 어느 세대 남성보다 페미니즘에 가깝다. 페미니즘에 대한 반감이 다른 어느 세대 남성보다 높은 것과 비교하면 매우 아이러니한 결과다.

《시사IN》의 조사 결과시사인 2019년 4월 15일, '20대 남자 그들은 누구인가'에 따르면 "페미니즘이 남녀의 동등한 지위를 추구한다."는 문항과 관련하여 20대 남성은 다른 세대 남성의 응답 경향과 정반대되는 편향을 보였다. 절반 이상이 여기에 동의하지 않은 것이다. 반면 30세 이상 남성은 심지어 30세 이상 여성과 비슷할 정도로 여기에 동의하는 응답이 많았다. 20대 남성과 어느 정도 생각을 같이하는 30대를 제외하고 40대 이상 남성만 따로 물어보았다면 동의율은 훨씬 높아서 심지어 여성보다도 높았을 수도 있다. "페미

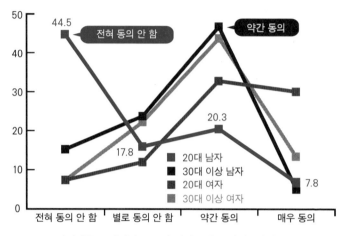

페미니즘은 남녀의 동등한 지위를 추구한다 (단위 %)

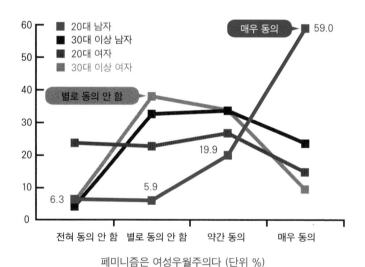

페미니즘은 여성우월주의다 (단위 %)

니즘은 여성우월주의다."라는 문항에 20대 남성은 80%에 가까운 압도적인 다수가 그렇다고 응답한 반면, 30세 이상의 남성은 절반 정도가 그렇게 응답했을 뿐이다. 20대 남성의 페미니즘에 대한 반감은 남·녀를 통틀어 혼자 두드러진다. 이 응답 결과만 놓고 보면 20대 남성은 다른 어느 집단보다도 페미니즘에 반감이 높다.

하지만 페미니즘이라는 용어를 사용하지 않고 페미니즘이 요구하는 것들만 질문으로 만들어 응답하게 하면 전혀 다른 결과가 나타난다. 페미니즘에 대한 반감이 그 어느 연령 집단보다 높은 20대 남성이 오히려 페미니즘이 요구하는 행동이나 가치에 더 우호적인 반응을 보이는 것이다.

우선 성희롱, 성폭력에 대한 인식을 보자. 국가인권위원회에서 조사한 성희롱 인식 조사를 보면 20대, 30대 남성은 40대, 50대 남성보다 훨씬 훌륭한 성인지를 가지고 있음이 드러났다. 페미니즘에는 찬성한다고 응답해 놓고 막상 일상생활에서는 정반대로 행동하는 586세대의 위선적인 모습을 잘 보여 주는 결과다. 페미니즘 지지자, 동맹으로 행세하면서 막상 자기 사무실에서 일하는 여성을 희롱한 그들의 위선적인 모습이 일부 인사들의 인성 탓만은 아님을 보여 주는 자료다. 반면 20대 남성은 입만 열면 안티페미를 외치면서 실제로는 그 어느 세대보다도 페미니스트로 생활하고 있었다.

성희롱뿐 아니라 가사노동 등 성역할에 대한 인식에서도 차이가 크다 "가사노동을 아내가 전담해야 한다."라는 문항의 찬성률은 페미니즘에 찬성한다는 비율이 높았던 586세대보다 페미

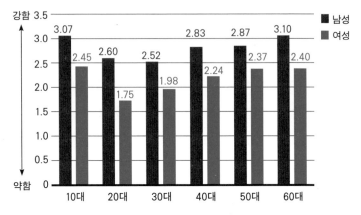

성희롱에 대한 잘못된 인식 (연령별, 성별)

자료: 국가인권위원회 '성희롱에 대한 국민의식 조사' 그래픽 박현정 (출처 KBS)

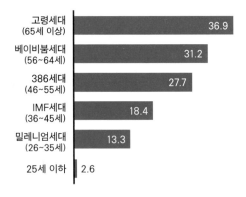

세대별 성 역할 인식 차이

자료: 서울시 (출처 연합뉴스)

니즘에 반감을 드러낸 20대가 오히려 훨씬 낮았다. 386세대는 무려 27.7%가 이 주장에 동조했지만 25세 이하는 불과 2.6%만이 여기 동조했다. 연령대가 낮아질수록 남성들은 페미니즘에 대한 반감이 높지만, 거꾸로 페미니즘의 주장과 요구를 가장 잘 실천하고 받아들인다. 20대 남자는 말로는 안티페미니스트라고 하지만 실제로는 남성 중 가장 실천적인 페미니스트다.

이런 엉뚱한 결과가 나온 이유가 무엇일까? 어쩌면 이들이 자신의 목소리가 아니라 페미니즘 때문에 갈수록 불편해지는 것이 불만인, 그러나 페미니즘에 반대한다고 대놓고 말하기에는 그동안의 위선이 들통날까 두려운 윗세대 남성을 대신하여 목소리를 내는 것은 아닐까? 즉 자기도 모르는 사이에 어른의 백래시 십자군으로 징발되어 정작 그들과는 상관없는 싸움을 하고 있을 가능성이 크다.

20대 남자를 자유롭게 만들 힘은 여자를 윽박지르는 데서, 여성의 권리를 박탈하는 데서 나오지 않는다. 그 힘은 그들을 가부장과 남자다움으로부터 자유롭게 하는 데 있다. 이대남을 해방시키는 동력은 '남성 해방'이 아니라 미소지니로부터의 '여성 해방'과 함께한다. 그들은 여성에게 남성혐오를 멈추라고 요구할 것이 아니라 자신들을 혐오하는 진짜 주범을 찾아 여성과 함께 그들에 맞서야 한다. 그건 다름 아닌 미소지니와 가부장제이며, 그 수혜자인 가부장 세대 남성이다.

■

연애는 당연한 것이 아니다
- 친밀감 노동 착취로부터 여성 해방

남자를 특별히 좋아하지는 않는 여자

페미니즘은 남성혐오가 아니며 남성이라는 이유만으로 우월하지 않다고 말하는 것이다. 보통 사람에게 "너는 천재가 아니야."라고 말한다고 이걸 혐오라고 부를 수는 없다. 그런데도 청소년과 젊은 남성 사이에서 '페미니즘=남성혐오'라는 공식이 점점 확산하는 까닭은 페미니즘에 대해 잘 모르기 때문이다. 다만 이들은 20대 여성이 남성을 좋아하지 않는다고 느끼며, 그 원인을 페미니즘에서 찾을 뿐이다. 물론 세계 어느 나라에서나 서로를 가장 좋아하고 열렬히 사랑하기 마련인 청춘 남녀가 서로를 미워한다고 느끼는 것은 결코 바람직한 현상이 아니다.

그런데 20대 여성과 남성이 정말 사이가 나쁠까? 적어도 통계적으로는 그렇다. "한국사회의 가장 큰 갈등이 무엇이라고 생각하는가?"라는 설문 조사에서 40대는 양극화빈부 갈등, 계급 갈등, 세대 갈등, 이념 갈등 순서로 꼽았는데, 20대는 계급도 세대도 아닌 남녀 간의 갈등을 가장 큰 갈등 양상으로 꼽았기 때문이다. 동서고금을 막론하고 모든 사회 갈등의 근본이라 할 수 있는 빈부 양극화보다도, 젊은 세대라면 당연히 느끼기 마련인 세대 갈등보다도기원전 그리스 사원에 "요즘 젊은것들이 버르장머리가 없다."라는 낙서가 남아 있을 정도 남녀 갈등이 더 심각하다고 본 것이다. 이 응답 결과에서 남성과 여성 응답자를 구분하지 않아 정확히 판단하기는 어렵지만 20대 여성보다 20대 남성이 남녀 갈등이 심각하다고 응답한 경우가 더 많을 것이다. 또 다른 조사에서는 무려 57%가 성 갈등이 가장 심각하다고 응답했다. 반면 빈부 갈등은 22%에 불과하며, 젊은이

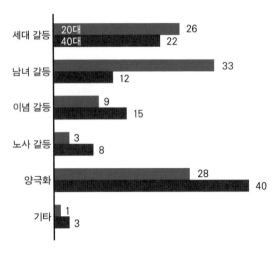

한국사회의 가장 큰 갈등 양상은 무엇일까 (단위 %)
출처 :《매경이코노미》제2105호

가장 심각한 한국사회 갈등 (단위 %)
출처 : 리얼미터

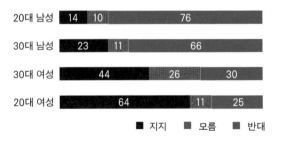

페미니즘 운동 지지 여부 (단위 %)
출처 : 리얼미터

의 전유물인 세대 갈등은 불과 2%만이 선택했다.

　그동안의 상식을 뒤집는 결과다. 2020년 이후 한국의 젊은이들은 "어른들은 몰라요!" 하며 기성세대와 다투는 것보다 "남자는/여자는 몰라."라고 하며 자기네끼리 오히려 더 많이 다투고 있다. 실제로 조사해야 분명해질 일이지만, 아무래도 다른 직종보다 젊은이들과 친밀한 관계를 만들 일이 많은 교육자로서 체감상 상당히 많은 20대 여성이 같은 또래인 20대 남자보다 차라리 50대인 어머니와 생각이 더 통한다고 느끼고 있었다.

　20대가 계급 간의 갈등, 이념 갈등을 크게 보지 않는 이유를 그들이 보수화된 까닭이라고 주장하는 사람도 있다. 하지만 반드시 그런 것은 아니다. 그런 식으로 말하려면 먼저 진보와 보수의 개념 정의부터 분명히 해야 한다. 모든 시대에 다 통하는 진보/보수의 기준은 존재하지 않는다. 정확히 말하면 20대는 20세기 기준의 진보/보수 척도로 판단하기 어려워졌을 뿐이다. 21세기의 진보/보수는 이념에서 비롯되는 것이 아니다. 삶의 영역, 일상생활에서 비롯된다. 진보/보수는 국가나 사회를 어떤 방향으로 만들 것인가에 대한 거시적인 것이 아니라 어떤 식으로 살아갈 것인가에 대한 삶의 문제다. 이미 1990년대 포스트 구조주의 좌파들은 삶 정치, 생활 정치, 심지어 바이오 정치라는 말을 이념이 아니라 일상생활이 진보/보수가 가려지는 무대가 되기 때문에 갈등 역시 집단 간의 갈등이 아니라 사적인 형태로 자잘하게 나타난다고 보았다. 그런데 그 사적이고 자잘한 갈등이 가족 간의 갈등이 아니라 여성과 남성 간의 갈등이라는 것이, 그것도 20대 여성과 남성 간의 갈등이라는 점이 흥미롭다. 20대는 다른 어느 세대보다도 이성 간에 가장 많이 끌려야 할 시기기 때문이다. 발달심리학자 에릭 에릭슨도 20대의 발달 과업을 '친밀감 대 고립'으로 도식화한 바 있다. 인생 어느 시기보다 이성 간의 친밀감이 폭발해야 하는 연령대의 젊은이가 오히려 서로를 갈등의 대상으로 여긴다면 개인적으로나 사회적으로나 심각한 문제가 아닐 수 없다.

다음 통계 자료가 이 수수께끼를 풀 열쇠를 보여 준다. 이 자료는 《시사IN》에서 실시한 20대 여성의 각 집단에 대한 감정 온도 조사 결과다시사인 2020년 8월 30일, '20대 여자 현상'. 주의할 것은 이 조사는 20대 여성이 각 집단에 정서적으로 친밀감을 느끼는 정도를 보여 줄 뿐, 혐오나 갈등의 증거는 될 수 없다는 것이다. 좋아하지 않는 것이 곧 미워하는 것은 아니기 때문이다. 감정 온도가 낮을 수록 혐오나 갈등의 가능성이 더 크다는 정도의 해석은 가능하다.

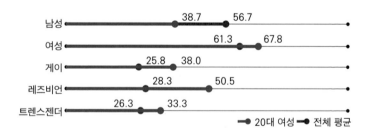

20대 여성의 각 집단에 대한 감정 온도
(0 : 매우 부정적 - 100 : 매우 긍정적)
출처 〈시사IN〉 728호

여기서 우리는 뜻밖의 결과를 보게 되는데 20대 여성이 남성에 대해 느끼는 감정 온도가 매우 낮다는 것이다. 남성에 대한 감정 온도의 전체 평균이 56.7인데 20대 여성은 38.7에 불과하다. 평균을 고려하면 20대 여성을 제외한 여성은 남성에게 적어도 70 이상의 감정 온도를 느끼고 있다. 이건 특별한 현상이 아니다. 여성이 남성을 좋아하는 것은 자연스러운 일이다.

사실 이 말도 불편하다. 여성이 남성을 좋아하는 것이 자연스러운 현상이라고 하면서도 다른 한편에서는 "남자 밝힌다.", "끼 부린다." 이런 따위의 말을 쓰니 말이다. 만약 남자 밝히고 끼 부리는 것이 비난받을 일이라면 그래서 정숙함을 요구받아야 한다면 여성은 남성에게 냉담해야 정숙한 것 아닐까? 이건 나중에 더 따져 보기로 하고, 일단 20대 여성이 다른 세대 여성보다 매우 두드러질 정도로 남성에게 냉담하다는 현상만 확인하고 가자. 완경기 여성도 아니고 이성에게 가장 관심이 많을 것으로 기대되는 20대 여성이 그렇다는 것이 더욱 이채롭다.

그런가 하면 20대 여성이 다른 세대 여성에 비해 같은 여성에게 느끼는 감정 온도가 높다는 점도 눈에 들어온다. 하지만 남성에 대한 온도만큼 큰 차이를 보이지는 않는다. 연령대를 불문하고 여성은 여성에게 가장 감정적으로 친밀감을 느낀다고 볼 수 있다. "여자의 적은 여자."라는 말이 속설로 공유되는데 전혀 사실과 다르다는 것을 알 수 있다.

그렇다면 20대 여성이 남성에게 냉담한 현상을 '남성혐오'의 한 증거로 볼 수 있을까? 그렇게 보기는 어렵다. 친밀함을 느끼는 정도가 낮다고 해서 그걸 싫어하거나 미워한다고 하면 지나친 확대해석이다. 싫어하거나 미워하는 것은 그것대로 또 별도의 척도로 측정할 일이다.

이 자료로 확인할 수 있는 것은 20대 여성이 남성뿐 아니라 전체적으로 혐오 성향이 다른 세대에 비해 낮다는 것이다. 그 바로미터 역할을 하는 동성애자에 대해 느끼는 감정 온도를 보면 20대 여성은 다른 세대에 비해 훨씬 따뜻한 시선을 가지고 있다. 20대 여성은 남성 동성애자게이에게 38이라는 감정 온도를 보였는데, 이는 충분히 따스한 반응은 아니지만 적어도 여성 전체 평균보다 50%가량 높은 수치다. 또 20대 여성은 여성 동성애자레즈비언에게 느끼는 감정 온도에서 50.5를 기록했는데 이는 여성 전체 평균의 두 배에 육박할 정도로 높은 수치다. 20대 여성은 트랜스젠더에 대해서도 전체 평균보다 20% 이상 높은 감정 온도를 보였다. 반면 20대를 제외한 연령대의 여성은 남성 동성애자, 여성 동성애자를 가리지 않고 모두 25 정도의 낮은 온도를 보였다.

이러한 조사 결과에서 확인할 수 있는 것은 20대 여성은 다른 연령대 여성과 비교했을 때 더 관용적이고 '정치적으로 올바른' 집단이라는 것이다. 이런 20대 여성이 콕 집어 굳이 남성에 대해서만, 더구나 20대 남성에 대해서만 '혐오'할 가능성은 그렇게 크지 않다. 20대 여성은 다른 연령 집단과 비교하면 혐오 자체와 거리가 먼 집단이다. 따라서 20대 여성이 남성에게 느끼는 감정은 단지 '따뜻하지 않은 것'이지 혐오하는 것이 아니다. 20대 여성은 이성애자 남성과 남성 성 소수자에게 비슷한 수준의 감정 온도를 보인다.

"아니, 우리를 게이 수준으로 본다고?"

이렇게 분통을 터뜨릴 수 있겠지만, 이는 이성애자 남성을 특별히 더 혐오한다기보다는 동성애자 남성을 특별히 덜 혐오하기 때문에 나타나는 현상이다. 자기네가 기대하는 만큼의 따뜻함을 제공하지 않는다고 이를 혐오로 규정할 수는 없다.

친밀감의 결핍으로 화가 난 이대남

물론 20~30대 남성에게는 20대 여성이 남성에게 느끼는 감정 온도가 미적지근한 '그저 그럼' 수준이며 심지어 성 소수자를 대하는 것과 별로 차이가 나지 않는다는 것이 큰 충격으로 다가올 수 있다. 그 또래 남성은 그 어느 연령대보다도 여성과 어울리기를 원하고 연애를 갈망하는 집단이기 때문이다. 기성세대가 20대 초반 남성을 조롱하거나 풍자할 때 그리는 그림만 봐도 그렇다. 기성세대의 눈에 20대 남성의 두뇌 속은 온통 여자 생각으로 가득한 존재로 보인다. 20대 초반의 남성이 사랑에 빠지면 마치 열병에 걸린 것처럼 다른 것은 돌아보지 않고, 어떤 합리적인 판단도 유보하고 무모한 행동을 한다. 이런 사랑의 열병에서 비롯된 비극을 소재로 하는 이야기를 빼면 아마 세계 문학 3분의 1이 사라지고, 오페라 테너 배역의 대부분이 지워지고 말 것이다. 20대 남성은 이렇게 연애에 목마른 집단이다.

그런데 그들과 손뼉을 마주쳐야 할 20대 여성이 미적지근하다. 이것이 바로 이대남이 화가 난 진짜 이유일 것이다. 한마디로 요약하면 "왜 짝을 이루어 주지 않느냐?"인 것이다. 그래서 '빡친 것'이다.

이 경우 남성이 할 일은 먼저 '빡침'이라는 감정을 꼼꼼하게 들여다보는 것이다. 남성이 '분노' 이외의 다양한 감정을 느끼고 표현할 경험을 충분히 하며 성장했는지 미심쩍기 때문이다. 우리나라 남성은 감정을 솔직하게 표현하고 서로 공감하는 교육을 별로 받지 못했다. 특히 슬픔, 불안, 두려움, 외로움 같은 감정은 최대한 억누르고 드러내지 않아야 하는 것으로 배웠다. 그런 감정을 솔직히 드러내는 것은 '약해 보이며' '남자답지 못한 것'이기 때문이다.

"남자가 그깟 일 가지고 징징거려?"

"남자가 눈물을 보이면 안 되지."

남자가 드러내도 괜찮은 유일한 감정은 기쁨과 분노뿐이었다. 그래서 많은 성인 남성은 큰 소리로 웃거나 와락 화를 냄으로써 다른 감정을 치환한다. 가령 운동선수가 경기 중에 큰 실수를 했을 때 여자 선수들은 다양한 감정 반응을 보인다. 동료에 대한 미안함, 자신에 대한 질책 혹은 관중들 앞에서 부끄러움과 민망함, 그러면서도 조금은 어이없는 웃음 등등. 하지만 남자 선수는 애꿎은 공이나 운동 장비에 화풀이하는 경우가 많다. 정말 화가 난 것일까? 아니다, 달리 표현할 방법을 찾지 못한 것이다.

하지만 그렇게 치환한다고 그 본원적인 감정 압력이 해소되지 않는다. 단백질 확보가 어려운 문화권에서 탄수화물을 과다 섭취해도 영양 불균형이 오히려 심해지는 것처럼 분노 이외의 감정이 결핍된 남자는 감정 압력을 해소하기 위해 더 크게 웃고 더 거칠게 화를 내지만 그럴수록 결핍만 더 심해질 뿐이다.

남성 중 감정 표현이나 처리가 섬세한 사람도 있다. 초기 양육 시기 풍부하고 자유로운 감정 표현을 경험하고 자란 덕분이다. 또 다양한 예술작품을 접하면서 성장했을 수도 있다. 하지만 가정 대부분은 남자아이를 그렇게 키우지 않는다.

따라서 이들이 느끼는 분노라는 감정은 사실은 분노가 아니라 그 뒤에 당황, 당혹, 두려움, 걱정, 불안, 슬픔 등 수많은 감정을 숨겨 두고 있을 가능성이 크다. 이들을 달리 표현할 방법이 없어 드러낼 줄 아는 거의 유일한 감정인 분노로 표출하는 것이다.

분노는 매우 단순한 감정이다. 이는 공격/도주 반응을 극대화함으로써 적으로부터 자신을 지키는 감정이다. 따라서 분노하는 사람은 그 대상을 설정한다. 특정한 대상이 없는 불안, 당혹, 슬픔과는 확실히 다른 감정이다. 특히 사람은 어떤 두려움이나 불안의 대상을 특정하기 어려운 상태를 싫어한다. 그래서 불안이나 당혹감을 느끼는 상황을 명확한 대상을 설정하여 공격 대상으로 삼아 분노라는 감정을 터뜨림으로써 회피하려 한다. 즉 분노에는 반드시 대상이 필요하다. 없으면 만들어야 한다.

2020년대 젊은이 앞에 펼쳐질 한국사회의 미래가 절대로 밝지 않을 것임은 분명하다. 일자리는 줄어들 것이고, 경제는 활력을 잃어 갈 것이며, 기성세대의 청년기와는 비교도 되지 않을 정도로 열악한 일자리를 겨우 얻게 될 것이다. 아주 낮은 경제성장률이 계속되어 현재의 고통이 미래의 결실로 맺힐 것이라는 희망도 품기 어려워질 것이다. 이런 상황에 부닥치면 앞이 보이지 않는 미래를 두려워하고, 불안에 떨고, 왜 이런 세상을 살아야 하는지에 대한 당혹감을 느끼는 것이 당연하다.

스피노자는 이렇게 부정적인 감정이 늘어나면서 자신에 대한 믿음이 위축될 때 느끼는 부정적인 감정의 총체를 슬픔이라 했다. 스피노자에 따르면 자신의 확장을 인식하는 것이 기쁨이며 축소, 퇴행을 인식하는 것이 슬픔이다. 따라서 기쁨과 슬픔은 근원이 다른 감정이 아니라 같은 현상의 반대편이다. 확장하면 기쁘고 위축되면 슬프다. 따라서 슬픔은 자신에 대한 믿음을 회복하고 역량이 확장되는 경험을 통해 해소할 수 있다.

기쁨의 길, 즉 자신에 대한 믿음을 회복하고 역량을 확장하는 길에는 건설적인 길과 파괴적인 길이 있다. 건설적인 길은 사회적이다. 사람은 사회적인 동물로, 유기적인 조직을 만들어 서로 협동하는 존재다. 가령 다섯 명이 협동함으로써 5가 아니라 7이나 8의 힘을 발휘할 수 있다. 다섯 명이 8의 힘을 발휘했다면 추가된 3이 기쁨의 원천이 된다. 이러한 협동의 플러스알파는 관계 맺는 사람 수가 많을수록, 그리고 그 관계가 친밀하고 유기적일수록 더욱 강해진다.

또한 사람은 공감하는 존재다. 기쁨은 이를 공감하는 동료 수가 많을수록 증폭된다. 그래서 사람은 누군가가 웃으면 반사적으로 다 같이 웃으며 즐거워한다. 반면 슬픔은 이를 공감하는 동료의 수가 많을수록 줄어든다. 따라서 사람은 친밀한 관계를 맺는 사람이 늘어날수록, 상호작용의 빈도와 질이 높아질수록 기쁨을 느끼며, 친밀한 관계를 맺는 사람이 줄어들수록, 그리고 그 상호작용의 빈도와 질이 낮아질수록 슬픔을 느낀다. 어떤 의미에서 사람의 역량이란 친밀한 관계를 얼마나 늘려 나갈 수 있느냐에 달린 셈이다.

하지만 친밀한 관계는 사람의 다른 역량 강화 활동이 그러하 듯 자연적으로 이루어지지 않는다. 사람의 유전자에는 매우 추상 적 수준의 원리들만 저장되어 있으며, 구체적인 부분은 대부분 학 습의 영역, 습관의 영역이다. 이것이 바로 자유다. 사람이 친밀한 관계를 맺는 사람을 늘림으로써 기쁨을 느낀다고 하여, 새로 만나 는 사람에게 자동으로 친밀감을 느끼는 것은 아니다. 역량 강화가 그렇게 쉽다면 세상에 낙담하고 절망하고 위축되는 사람은 아무 도 없을 것이다. 친밀한 관계 역시 후천적으로 노력해야 하고 획득 해야 하며, 일단 획득한 후에도 끊임없이 관리해야 한다.

여성이 재생산을 떠맡게 되기까지

하지만 남자는 친밀감을 노력하여 획득하는 일에 서툴다. 그 까닭은 친밀감을 애써 성취할 대상이 아니라 당연히 주어지는 것 으로, 특히 여성으로부터 당연히 제공받는 것으로 여겨 왔기 때 문이다.

그 배경에는 가부장제라는 유령이 깔려 있다. 가부장제는 특 정 계층의 사람들이 친밀 관계를 안정적으로 확보하도록 만든 제 도이자 문화다. 가부장제는 위계 서열이 높은 남성을 중심으로 친 밀 관계가 안정적으로 유지되도록 이루어져 있다. 또한 이 친밀 관계를 근거로 위계 서열이 낮은 남성이나 여성에게 친밀 관계 유지에 필요한 노력을 전가할 수 있는 제도이기도 하다. 따라서 위계 서열이 높은 남성은 언제나 기쁨을 누릴 수 있는 안전망을 확보하게 된다.

물론 이 제도가 요구하는 것은 공식적인 관계가 아니라 친밀 관계를 통한 것이기 때문에 명시적인 강제력이 행사되지는 않는다. 어디까지나 친밀 관계에서 당사자가 자발적으로 노동과 의무를 받아들이는 방식으로 일이 진행된다. 이 자발성은 당사자가 내면화한 도덕적, 이데올로기적 압력, 이른바 슈퍼에고에 의해 이루어진다. 이 도덕적, 이데올로기적 압력을 내면화한 사회 구성원은 압력을 외적 강제가 아니라 사람이라면 마땅히 따라야 할 행동의 규범, 즉 인륜으로 받아들인다.

유교 윤리의 공리에 해당하는 삼강오륜의 첫 번째가 부모와 자식 간의 친밀함을 강조하는 부자유친이라는 점에 주목하자. 친밀함을 자연스러운 감정이 아니라 강력한 윤리, 정언명령 1호로 요청하는 것이다. 유교 윤리는 철저히 가부장제에 기반하며 가부장제는 위계 서열에 따라 움직이며 수평적 관계를 인정하지 않는다. 따라서 이 친밀함은 아버지보다는 아들에게 훨씬 강하게 작용하는 윤리가 된다.

이를 동아시아 전통사회에서는 '내리사랑'이라는 말로 정당화하고, 부모가 자식에게 느끼는 친밀감을 당연하게 여기는 것이다. 즉 이는 자연적인 것이며 윤리적인 것이 아니다. 얼른 보면 부모사실은 아버지에게 더 많은 부담을 주는 것 같지만 그 반대다. 내리사랑이 자연적이고 당연한 것으로 선언된 순간 이는 아예 거론하거

192

나 의심할 필요도 없는 것이 된다. "부모 마음 다 똑같다." 이 한마디면 다 설명된다. 따라서 부자간에 친밀함을 유지하는 도덕적인 압력은 오직 자식에게만 주어진다. 만약 부자 관계에 문제가 생긴다면 이는 아버지의 잘못이 아니라 자식이 패륜아라 그런 것이다. 자식은 부모에게 친밀감을 느껴야만 하고 친밀한 관계를 만들어야만 한다. 그래서 공자는 아버지가 잘못된 일을 시키면 "울면서 따라야 한다."라고 했다. 가부장제는 이런 식으로 아래로 강요되는 친밀함의 리스트가 종횡으로 확장되면서 유지된다. 즉 가부장제는 기본적으로 대가족 이상의 친족 집단을 기반으로 한다.

가장이라고 하면 흔히 SUV에 아내와 자녀들을 태우고 캠프장까지 운전해 가서 바비큐 그릴을 설치하는 아버지를 떠올리기 쉽다. 하지만 원래 가장은 그보다 훨씬 강력한 권력자를 의미하는 말이었다. 가장이란 가장〉남성 연장자〉남성〉여성 연장자〉미성년자로 이어지는 위계에 따라 작동하는 3대 이상 수십 명 이상의 친족 집단을 이끄는 우두머리다. 그 규모는 가문의 위세에 따라 마을 하나 규모를 이루기도 했다. 전통사회에서 가장은 지역사회의 통치자나 다름없었고, 왕이라 할지라도 주요 가문 가장들의 협력 없이는 통치하기 어려운 경우가 많았다. 전국 시대와 봉건제도로 인해 중앙집권 국가의 역사가 우리보다 훨씬 짧았던 일본에 가부장제의 잔재가 훨씬 많이 남아 있는 것은 이 때문이다.

이러한 가장은 오직 '부계 혈통'을 통해 계승되었고, 만약 계승할 남성이 없으면 여성 연장자에게 계승되는 것이 아니라 양자를 들이거나 사위가 그 집안의 양자가 되어 계승했다. 신사임당의 아버지가 사위 자격으로 큰 집안을 계승한 대표적인 사례다.

하지만 나름대로 장점도 있었다. 노동집약적 농업에 필요한 노동력의 집중과 관리가 쉬웠고, 적어도 이 대가족 울타리 안에 머무르는 한 기본적인 생계, 양육, 그리고 친밀감의 문제를 해결할 수 있다는 것이다. 특히 배우자를 얻지 못한 남성이나 여성에게 대가족은 무력한 고독, 고립에 빠지지 않는 터전이 되어 주었다. 나이 많은 독신 남성이나 여성도 대가족 안에서는 나름의 노동력을 제공하며 소임을 수행할 수 있었고, 넓은 친족 네트워크 안에서 친밀감을 제공받고, 열 명이 넘기 마련인 조카들을 보살피며 부모 노릇을 할 수도 있었다. 대가족에서 아이들은 부모뿐 아니라 숙모, 고모, 그리고 나이 많은 형제나 사촌의 보살핌을 받았다. 대가족에서 아이들은 기본적으로 부부의 아이기 이전에 가문의 아이였다. 큰 가문이 마을 규모를 이루기도 했다는 점을 다시 강조한다면 "마을이 학교다.", "한 아이가 자라는데 한 마을의 힘이 필요하다."라는 등의 구호가 사실은 대가족이 성행하던 시대의 메아리라는 것을 짐작할 수 있다.

오늘날에는 이러한 기세등등한 가부장을 찾을 수 없다. 산업화와 함께 대가족이 해체되었기 때문이다. 산업혁명 결과 등장한 대규모 공장들은 대량의 자유로운 노동자가 필요했다. 여기서 자유롭다는 것은 가족이나 토지에 잡혀 있지 않다는 뜻이다. 물론 자본은 개인이 자유를 위해 가족과 토지를 떠나는 결단을 내릴 때까지 기다릴 여유가 없었기에, 전통사회가 해체되고 농촌에서 생계가 막막해진 개인이 가족과 토지를 떠나지 않을 수 없게

끔 만들었다.

　가문과 토지의 울타리 밖으로 나가면 생계 방편이 없던 낮은 서열의 남성차남 이하, 그리고 서자들과 여성을 공장과 기업이 싼값에 흡수했다. 이로써 대가족이 해체되고 노동하는 한 사람의 남자와 그의 아내 및 자녀로 구성되는 핵가족이 보편화되었다. 일부일처제가 정착되고, 모든 남녀가 혼인하는 것이 당연시된 것은 철저히 근대의 소산이다. 전통사회에서는 사실상 일부다처제가 보편적이었다. 힘 있는 남성이 여러 명의 처첩을 거느린다는 것은 상대적으로 배우자 없는 남성이 상당히 많았음을 전제한다. 이 배우자 없는 남자는 대가족의 울타리 안에서 노동력이나 물리력을 제공하며 살아남았다.

　하지만 이런 시대는 끝났다. 자유 아닌 자유를 누리게 된 개인은 한 쌍의 남녀가 되지 않으면 살아남을 수 없게 되었다. 한 쌍의 남녀에게 생산생존에 필요한 자원의 획득과 재생산자녀의 출산과 양육 및 노동으로 소모된 생명의 보충 노동이 전적으로 주어졌다. 가문의 아이들이 오직 한 쌍의 부부의 아이, 그중 남편은 생산 노동에 투입되니 단 한 명인 아내의 아이가 되어 버렸다. 이로써 여성은 자녀의 양육과 가족의 돌봄남편을 포함한다을 전담하게 되었다.

　산업혁명은 분업에 의한 대공장 공업을 보편화했고, 이 원리는 모든 크고 작은 사회 단위에 적용되었다. 가부장제가 그러했듯, 이 새로운 체제 역시 여성에게 가장 불리하게 적용되었다. 오히려 대가족일 경우 조금이나마 선택의 여지가 있었다. 대가족에는 혼인과 출산하지 않은 남성, 여성 가족 구성원이 어느 정도 포함되기 때문이다. 보살핌에도 규모의 경제가 적용된다. 어머니가 각자 자기 아이를 양육하는 것보다는 삼촌, 사촌, 오촌, 육촌이 모여서 보살피는 쪽이 훨씬 효율적이며, 나이 차이가 많이 나는 형제나 사촌 형제가 든든한 조력자가 된다. 따라서 대가족의 여성은 양육이라는 일에 전적으로 매달리지 않고 때로는 '가업'을 담당할 수도 있었다. 박경리의 《토지》, 박완서의 《미망》 같은 소설이 아주 허구는 아닌 것이다. 말하자면 대가족은 가족 안에 무상 종일 돌봄 센터가 있는 셈이다.

그러나 남녀 한 쌍과 그 자녀로 이루어진 핵가족에는 그럴 여지가 없다. 여성 한 사람이 모든 재생산 노동을 책임져야 한다. 자녀 출산과 양육, 남성의 노동력 재생산, 가족의 의식주 관리 등이 모두 아내 혹은 어머니로 불리는 여성 한 사람의 몫이다. 그렇다고 아내 혹은 어머니의 생산 노동이 면제되는 것도 아니다. 남성 노동자 한 사람이 본인, 아내, 그리고 자녀까지 충분히 사용할 수 있는 만큼의 임금을 받던 시대는 포디즘이 한창이던 20세기 중반에 잠깐 등장했다가 신자유주의와 함께 사라진 일종의 예외적인 일화에 불과하다. 그럼에도 불구하고 이 한 사람의 남성 노동자는 한 사람의 아내라는 여성과 그 자녀 앞에서만큼은 '가장'의 권위를 누리게 되었다.

모든 사회에는 '긴장 완화' 기능이 필수적으로 요구된다. 사회 구성원이 계속해서 그 사회 구성원으로서 제 기능을 할 수 있게끔 몸과 마음의 상태를 갱신하는 기능이다. 엔터테인먼트를 생각하겠지만 이보다 중요한 것이 다른 사람, 특히 공동체 구성원과의 친밀감 확인이다. 유인원 사회에서는 서로 '털 고르기' 해 주는 것이 그 기능을 담당하며 보노보 원숭이는 성관계가 그 역할을 담당한다. 유인원보다 훨씬 복잡한 상호작용 능력을 갖춘 사람은 이러한 직접적인 신체 접촉뿐 아니라 언어와 상징을 사용하는 친밀감과 유대의 확인도 매우 중요하다.

그런데 핵가족에서는 이 기능이 거의 전적으로 아내 혹은 어머니로 불리는 한 사람의 여성에게 집중되었다. 아이들은 자라는 과정에서 어른_{부모가 아니라 어른이다}이 제공하는 심리적 안정감과 유대감이 이후 타인과 신뢰 관계를 맺고 사회를 구성하는 능력에 결정적인 영향을 미친다. 그런데 핵가족에서 이 역할은 오직 한 쌍의 부모에게 집중되며, 부모 중에도 특히 어머니에게 집중된다.

핵가족의 단 한 명뿐인 성인 여성, 즉 어머니 혹은 아내는 자녀뿐 아니라 남편의 심리적 안정감까지 책임져야 한다. 갈수록 비인간화되어 가는 산업사회의 노동 현장에서 시달린 노동자 역시 "자신이 사람임을 다시 일깨워 주는" 감정적인 회복 과정이 필요하기 때문이다. 노동자들은 영미권 남성 노동자가 그러하듯 선술집에서 맥주를 마시거나 게임을 하며 이를 해결할 수도 있다. 하지만 가장 최후의 해결책은 가족이다. 그런데 이것이 여성, 즉 아내의 역할로 던져진 것이다.

문제는 이 친밀성 노동에 아무런 대가가 주어지지 않는다는 것, 그러면서 오히려 정언명령처럼 요구된다는 것이다. "여자라면 마땅히 그래야 한다." 혹은 "모성은 위대하다." 따위의 도덕적 압력이 행사된다. 그러나 도덕적 압력보다 강력한 명령은 대가족이

해체되더라도 사라지지 않는 가부장제라는 사회적 유령이 행사한다.

가부장제는 대가족이 사라졌음에도 쉽사리 사라지지 않고, 대신 '가장'의 숫자만 엄청나게 늘려 놓았다. 마을에 몇 명만 존재했던 가장, 큰 집안에서도 큰아들만 계승하던 가장이라는 지위가 산업사회 들어서는 '혼인한 남자이기만 하면' 누구나 누리는 지위가 되었다. 그리고 양반 귀족 아니면 장남 외에는 혼인을 장담하지 못했던 세상양반의 삼처사첩은 결국 일곱 명의 독신 남성을 만들었다이 대충 정상적인 남자기만 하면 누구나 아내 한 명씩 '할당'받는 세상이 되었다. 그리하여 남자라면 웬만하면 다 가장이 되었다.

문제는 남자라면 혼인하고, 혼인하면 가장이 되는 세상에서는 가장의 위신을 뽐낼 곳이 없다는 것이다. 오직 아내와 자녀 앞에서만 행사할 수 있다. 과시할 대상이 없으니만큼 얼마 안 되는 과시 대상 앞에서 행사하는 가장의 권력은 더 집요하고 철저한 것이 되었다. 명목상으로 가장은 아내와 자녀의 생계에 필요한 자원을 벌어온다. 즉 밖에서 일한다. 하지만 일하지 않거나 벌이가 시원치 않다고 해서 가장의 자리에서 물러나거나 그 권력이 약해지는 것은 아니다. 대가족과 달리 성인 남성이 단 한 사람밖에 없는 핵가족에서는 물리적인 힘이야말로 가장 강력한 권력의 원천이 되기 때문이다.

따라서 핵가족에서 가부장제는 성인 남성과 여성 및 아이들이라는 위계질서로 단순화되었다. 남성은 생산을 담당한다는 평계로 그 밖의 가족을 유지하는 모든 일을 성인 여성에게 전가한다. 그렇다고 여성의 생산노동이 면제되는 것은 아니다. 여성도 생산 일부를 담당해야 한다. 이러한 불평등한 노동 분업은 언제든지 폭발할 수 있는 물리력을 통해 유지된다. 핵가족과 가부장제가 결합한 이 기막힌 근대의 혼종 아래 여성은 자본이 구태여 투자할 만한 규모가 되지 않는 생산노동, 남성 노동자가 자본이 투자한 영역의 생산에 나설 수 있는 신체적 정신적 상태를 만들고 유지하는 일, 자녀를 출산하고 다음 세대 노동자가 되도록 양육하는 일 등 돌봄 노동까지 담당해야 한다. 이 돌봄 노동을 친밀성 노동과 묶어 재생산 노동이라고 정리할 수 있다. 즉 근대 핵가족에서 여성에게 주어진 재생산 노동의 대상은 자녀뿐 아니라 성인 남성, 즉 가장까지 포함한다.

이는 대가족에서 가족 공동체가 담당하던 것이다. 사회적 동물인 사람은 공동체의 유대감을 확인함으로써 마음의 위안을 얻고 정신적으로 회복되며, 공동체에서 고립되면 엄청난 스트레스와 고통을 받는다. 사회적 고립 상황에서 사람은 신체적 통증을 느끼는 신경이 활성화된다. 이런 강렬한 고립감이야말로 사람을 우울과 자살로 내모는 주범이다. 그런데 핵가족에서는 그 고립감을 해소할 상대가 단 한 사람, 즉 아내뿐이다.

'애교'라는 단어의 이중적 의미

"남자는 배짱, 여자는 애교."라는 시쳇말이 바로 이 상황을 잘 보여 준다. 이 말의 그림자에 가부장제 한계에 부딪힌 핵가족의 진실이 숨어 있다. 배짱이라는 말은 고결하고 명예로운 미덕으로 여기는 '용기'를 말하는 것이 아니다. 용기가 고결한 미덕인 까닭은 두려워해야 할 것, 두려워해야 할 상황을 인지하면서도 도덕적 의무를 위해 그 두려움에 맞서기 때문이다. 두려움이 없다면 용기도 없고, 두려움이 없는 사람의 용기는 그리 칭찬할 만한 것도 아니다. 하지만 배짱은 두려움이 없거나 두려워해야 할 대상이나 상황을 가벼이 여기는 태도다.

배짱이라는 말에는 남성에게 바깥세상으로 발을 내딛고 성공/실패를 걸어 보아야 한다는 압력이 담겨 있다. 산업사회에서 남자들은 더 이상 대가족의 그늘에 숨을 수 없다. 농토를 기반으로 하는 대가족에는 장자 이외의 남자는 구태여 세상에 나설 필요도 없었고, 심지어 결혼하여 가족을 이룰 필요도 없었다. 큰형님 댁에 얹혀사는 삶, 대가족의 한 구성원으로 섞여 사는 삶도 별 허물이 아니었다. 전통적인 대가족 안에는 혼인하지 못한 중장년의 삼촌, 고모가 흔했다.

그러나 근대 산업사회는 개인을 공동체, 즉 가족과 토지와 가족으로부터 자유롭게 만들었다. 이는 개인 삶의 선택지를 늘렸다는 점에서 분명 진보긴 하지만 가족이라는 공동체의 그늘에 숨어서 그럭저럭 연명하는 삶을 불가능하게 만들었다. 현대 복지국가가 대가족의 역할을 대신하게 된 20세기 후반 이전에는 모든 개인이 각자의 삶에 책임을 져야 했다. 자본이 있다면 기업을 세우고, 자본이 없다면 누군가에게 고용되어 노동자가 되어야만 생존할 수 있는 세상이 되었다. 이런 세상에서 성공/실패를 걱정하느라 머뭇거리는 수줍은 삶은 용납되지 않는다.

이때 여자의 '애교'는 이중적인 의미가 있다. 애교는 자신이 상대 남성에게 친밀감 깊이 느끼고 있음을 과장되게 드러내어 표현하는 몸짓과 화법이다. 이 애교를 보고 듣는 남성은 상대 여성이 자신이 요구하는 친밀 관계를 제공하고 있음을 확인하며 정서적 안정과 기쁨을 얻는다. 애교는 흔히 생각하는 것처럼 여자가 마치 어린아이처럼 말하고 행동하면서 남자에게 투정하는 것을 말하는 것이 아니다.

투정은 남자가 한다. 여자의 애교란 투정하는 남자를 강압적이지 않으면서 부드럽게 설득하는 기술이다. 무엇을 설득하는가? 남자가 배짱이 부족하고, 따라서 바깥세상을 향해 성공을 추구하지 않을 때 바깥세상으로 나가 더 열심히 생산하도록 설득한다. 단 너무 직설적이지는 않으면서 남자 자존심을 보살펴 가며 남자를 바깥으로 등 떠밀어 내보낼 수 있도록. 여기에 동원되는 화법과 행동의 기술이 바로 애교다. 애교는 여성이 본성적으로 선호하는 것이 아니다. 다만 여성의 사회 활동이 제한되어 있거나 하더라도 남성보다 훨씬 저임금을 감수해야 했던 시절, 여성 본인과 자녀를 위한 일종의 생존 기술이었다.

그런가 하면 애교는 여성에게 문화적 압력에 의해 강요된 것이기도 하다. 그것은 바로 남성 아이가 아니라 가장이 가지는 보살핌받고자 하는 욕구와 지배하고자 하는 욕구를 조화시키는 것이다. 아들이던 시절 남성은 어머니로부터 보살핌을 받지만 반대로 친권이라는 권력에 구속된다. 아들은 어머니에게 보살핌의 대가로 복종해야 하고 교육과 훈육을 받아야 한다. 그랬던 아들은 성인이 되어서도 스스로 보살피지 못하기 때문에 여전히 자신을 보살펴 줄 여성을 원한다. 단 어머니에게 바친 복종과 구속은 배제하고 오히려 지배하고 군림하면서 말이다. 이 이중적인 역할을 담당하는 여성이 바로 '아내'다. 이때 보살핌을 제공하되, 보살핌을 받는 남성이 수동적이라고 느끼지 않도록 하는 즉 가장의 '자존심'을 손상하지 않도록 하는 요령이 바로 '애교'다.

이 두 기능을 요약하면 애교란, 상황에 따라 눈치 빠르게 남자가 신체와 정서를 최적 상태로 유지하도록 보살핌으로써 계속 노동할 수 있는 상태로 만드는 여성의 기술이다. 조금 잔인하게 표현하면 어머니는 아들을 노동자로 제작하고 아내는 남편을 노동자로 유지하고 보수한다. 그리고 이 제작과 유지·보수라는 노동은 자본으로부터 아무런 보상을 받지 못하는 부불노동이다.

'모성'에 대한 오글거리는 '예찬과 찬양'의 수사에도 불구하고 여성이 제공하는 이 친밀감과 보살핌의 최대 수혜자는 엉뚱하게 자녀가 아니라 남성, 즉 '가장'이다. 남성 가장은 여성을 '어머니'라고 쓰고는 '아내'라고 읽으며, '아내'라고 쓰고는 '어머니'라고 읽는다. 그는 어머니에게 받았던 것을 아내에게서 연장하여 받고자 한다. 어떤 면에서 남성 가장은 자기 자녀마저 여성의 보살핌 노동을 끌어내기 위한 도구로 사용한다. 아내의 모성을 이용하여 가장에게 이러한 과도한 친밀감, 보살핌 노동을 제공하지 않을 수 없게끔 만드는 것이다. 어떤 의미에서 자녀는 남성 가장이 여성 아내의 무료 노동을 요구할 수 있게 만드는 일종의 보증이나 담보 같은 것이다.

여성이 이런 불리한 조건을 받아들일 수밖에 없는 까닭은 남성 노동자의 소득 일부를 할애 받지 않으면 자신과 자녀의 생존을 보장 받을 수 없어서다.

이러한 친밀감, 돌봄, 보살핌이라는 성역할 이데올로기는 어머니, 아내를 넘어 연애 파트너, 심지어 딸에게도 요구되었다. 가족 안에서 아들은 주로 미래의 기여를 요구받는다. 공부 열심히 해서 훗날 가족에게 도움이 되어 달라는 것이다. 그 기여가 미래로 유보되어 있어서 아들은 현재 시점에는 자신에게만 투자할 뿐 가족에게 보살핌, 친밀감 따위를 제공해야 한다는 압박에서 비교적 자유롭고, 오히려 보살핌, 친밀감의 수혜자가 된다. 반면 딸은 현재 시점에 "가족의 윤활유" 역할을 요구받는다. 남매의 경우 누나는 동생을 보듬어 주며 정서적 지지를 제공할 것을 기대 받고, 누이 동생은 애교의 역할을 기대 받는다.

화가 박수근 그림에 자주 등장하는 아기 업은 소녀를 보면 사람들은 자연스럽게 '누나'를 떠올린다. 어째서 '언니'라는 생각은 못 하는 것일까? 그리고 이렇게 동생이나 누이를 업고 있는 오빠나 형의 이미지는 어째서 거의 찾아보기 어려운 것일까? 친밀감과 보살핌의 제공은 오직 여성의 몫이며, 남성은 어릴 때부터 철저히 그 소비자이기만 했기 때문이다.

이렇게 남성은 성장 과정부터 이미 친밀감과 보살핌을 일방적으로 받는 것에 익숙하지만, 친밀감과 보살핌을 제공하는 일에는 경험이 부족하여 영 미덥지 못하고 서투르다. 친밀감과 보살핌을

화가 박수근의 주요 소재가 되었던 '아이 업은 소녀' ⓒ 김은영

제공하는 일에 무관심하거나 관심이 있어서 표현한다고 한 것이 오히려 역효과를 불러일으키기도 한다.

　문제는 이렇게 친밀감과 보살핌의 제공과 표현에 무관심하거나 서투른 모습이 "남자다움"으로 포장되기도 한다는 것이다. 하루에 세 마디만 한다는 '경상도 남자' 이미지 같은 것이 대표적이다. 아내를 도와주는 남편의 이미지로 한때 "접시를 깨는 남편이런 주제의 노래도 나와서 히트한 적이 있다."이 있었던 것도 같은 맥락이다. 이른바 '자상한 아버지, 남편'은 마음을 잘 써 주는 아버지, 남편이지 적극적으로 친밀감을 표현하고 보살핌을 제공하는 아버지, 남편이 아니다.

　보살핌을 전담해야 하는 여성의 부담은 자녀를 많이 낳던 시절에는 어느 정도 성장한 딸의 도움을 받아 그럭저럭 끌고 가기도 했다. 하지만 자녀가 하나나 둘로 바뀐 이후 딸은 더 이상 어머니의 보완재가 아니라 오히려 아들의 대체재로 기능한다. 따라서 오늘날 재생산 노동에서 아내이자 어머니의 부담은 과거 어느 때보다 크다.

그럼에도 불구하고 남편이 친밀감과 보살핌의 책임을 함께하지 않고 오직 소비자 자리, 즉 가부장의 자리를 고수하려 든다면 부부간의 갈등이 심해지는 것은 당연하다. 과거 그 어느 때보다도 갈등이 일어나기 쉬워진 이 취약한 부부 관계에 자녀의 모든 양육 책임이 맡겨져 있다. 정말 위태롭기 짝이 없는 가족이다. 오늘날 가족은 언제든지 해체되어도 신기한 것이 없는 백척간두에 서 있고, 근본적인 성찰과 재조정을 요구한다.

이 위기의 도화선이 되는 단어는 "왜?"다. 여성이 "왜?"라고 묻는 순간 가족은 더 이상 과거와 같은 방식으로 지탱되기 어렵다.

- 왜 여자가 보살핌과 친밀감의 제공자가 되어야 하는가?
- 왜 여자와 남자 사이에 보살핌과 친밀감의 의무가 비대칭적인가?
- 왜 여자의 보살핌과 친밀감은 무상으로 제공되어야 하는가?
- 왜 여자는 자신이 필요로 하는 보살핌과 친밀감을 서투르기 짝이 없는 저 남자로부터만 받아야 하는가?

재생산 무상 노동을 거부하는 여성,
연애가 버거워진 남성

페미니즘은 엄청나게 위험한 사상도 아니고 머리 아프게 복잡한 학문도 아니다. 또한 남성을 적대하는 사상도 아니고, 투쟁을 선동하는 사상도 아니다. 다만 여성이 "왜?"라고 묻는 것이다. 여성이 무상으로 제공하고 때로는 폭력으로 강요받기까지 하는 보살핌과 친밀감의 재생산 노동에 대해 "왜?"라고 묻는 것이다.

이 물음에 대한 대답에 합리적인 근거가 있다면 계속할 것이지만, 그럴 이유가 없다면 더 이상 무상으로 제공하는 것을 거부하는 것이 당연하다. 자녀가 성인이 되어 독립하자 기다렸다는 듯이 이혼을 요구하는 이른바 '황혼이혼' 사례가 그 증거다. 자녀가 독립하는 순간, 즉 인질이 풀려나는 순간 아내는 남편에게 더 이상의 친밀감, 보살핌 노동을 제공할 이유를 찾지 못하며, 남편의 퇴직금 중 그동안 무료로 제공했던 보살핌 노동에 대한 정당한 값을 챙겨서 떠나는 것이다.

남성은 당황하며 무너진다. 그들이 그동안 존재한다고 믿어 왔던, 자기 것이라고 믿고, 너무 당연한 것으로 여기던 친밀 관계가 알고 보니 여자가 애써 가꾸고 관리해 왔으며, 그마저 여자의 진심 어린 사랑이 아니라 가부장제에 따라 절반쯤 강요됐던 것임이 밝혀진 것이다. 그동안 남성들은 바깥세상에서 어려움에 부닥치고 슬픔에 사로잡혀도 언제든 자신들을 원상회복 시켜 줄 수 있는 마법의 힘을 가족이라는 공동체에서 누려 왔는데, 그게 사라진 것이다.

이 가부장 남성들은 평생 친밀감, 보살핌을 받기만 했지 주지 않은 사람들이다. 설사 주고 싶어도 경험이 부족하여 어떻게 해야 할지 잘 모른다. 어머니에서 아내로 이어지는 돌봄과 보살핌을 너무 당연한 것으로 여긴 나머지 그것을 배우고 익히고 유지관리해야 한다는 생각 자체를 별로 하지 않았다. 또 그것을 제공하는 존재 역시 사람이며 그 마음을 살펴야 한다는 것도 생각하지 못했다. 황혼이혼으로 혼자가 된 여성은 새로운 삶을 찾아가는 경우가 많지만 남성은 그대로 무너지는 경우가 많다.

50, 60대 여성이 자각한 결과가 황혼이혼이라면 20대 여성이 자각한 결과는 애초에 황혼이혼 할 일 자체를 만들지 않는 것이다. 바로 비혼이다. 혼인이라는 것이 여성이 아이를 낳아 주고 키워 주고 남편과 그 가족을 보살피기 위한 제도가 아닐까? 그것이 여성 한 사람의 인격에 무슨 의미가 있을까? 그리하여 "혼인을 꼭 해야만 하는 이유"를 되묻게 된 것이다. 그래서 '미혼'이 아니라 '비혼'이다.

불과 20년 전만 해도 "시집 못 간 노처녀"라는 말이 종종 사용되었다. 여기에 따라붙는 "노처녀 히스테리"라는 말도 흔하게 사용되었다. 하지만 2020년대 들어 시집 못 간다는 말은 점차 사라지고 있다. 여자가 시집 못 간 것이 아니라 남자가 "장가 못 든" 것이다. 그리고 여자는 시집을 못 간 것이 아니라 '안 간' 것이다.

현재 20대 여성의 어머니 세대만 해도, 여성은 일자리를 구하기 어려웠고, 심지어 구한 일자리마저 30대 넘어서까지 유지하기 어려웠다. 그래서 여성에게 혼인은 생존의 문제기도 했다. 그러나 여성의 사회 진출과 노동이 보편화된 오늘날에는 해당하지 않는다. 오히려 여성이 남성보다 일자리를 더 잘 얻을 가능성마저 있다. 30년 전에는 생존을 위해 혼인해야 했던 전업주부에게 직업을 가지고 자기 삶을 가진 여성이 선망의 대상이었다. '부엌데기'라는 모욕적인 멸칭이 그 무렵 나온 말이다. 맞벌이 부부는 풍요와 여유의 상징이었다.

그러나 오늘날 전업주부는 아무나 할 수 있는 것이 아니다. '부엌데기'보다는 차라리 '유한마담'에 가깝다. 맞벌이하지 않고 남성 가장 혼자만의 수입으로 가족을 부양하는 경우는 어지간한 고소득층 외에는 거의 찾기 어려워졌기 때문이다. 심지어 고소득층 남성 역시 자신의 고소득을 제대로 누리는 삶을 유지하고자 하므로 결혼하고 자녀가 생기더라도 자신의 소비 생활을 유지할 수 있는 중산층 이상의 소득이 있는 여성과의 혼인을 선호한다. 교사가 신붓감으로 왜 인기가 있겠는가?

오늘날 대부분의 20대 여성에게 혼인은 아무런 경제적 의미를 주지 못한다. 혼인은 오히려 출산과 양육, 교육의 부담까지 보태기 때문에 하던 직장생활을 계속하거나 없던 직장을 필사적으로 얻어야 할 이유가 될 뿐이다. 그렇다고 가정에서의 역할이 크게 달라진 것도 아니다. 돌봄과 친밀감은 여전히 여성의 일인 경우가 많다. 물론 분담이 어느 정도 이루어지기는 하지만 여성의 몫이 훨씬 크고, 특히 출산이라도 하면 그때부터 이른바 헬게이트가 열린다. 여성이라고 엄마가 되고 싶은 본능 따위가 무조건 있는 것이 아니다. 인간은 합리적인 동물, 즉 계산기를 두드리는 동물이다. 그런데 아무리 계산기를 두드려도 오늘날 혼인은 여성에게 현저하게 밑지는 거래다.

결혼을 그렇게 타산적으로 할 수 있느냐, 그것은 '사랑'의 결정이 아니라고 비난할 수도 있다. 하지만 타산이라는 말을 거북해할 필요 없다. 당연한 것을 당연하지 않은 것으로 의심하고 되짚어 보는 것은 사람만의 특권이다.

'연애'라는 것도 사실 그렇게 당연한 것도 자연적인 것도 아니다. 인류 문명의 역사를 6000년 정도로 본다면 그중 5600년가량은 대부분의 사람에게 '연애'가 당연하지 않았다. 심지어 여성이 연애 대상이 아니라 소유물, 약탈 대상으로 여겨진 시대도 드물지 않았다. 한 나라가 다른 나라를 정복할 때 멸망한 나라의 공주나 왕비가 정복자의 침실에 들어가 아버지나 남편의 원수와 잠자리를 같이 하는 것은 매우 흔한 일이었다. 그것은 정복자의 특권이었다.

"짚신도 짝이 있다."라는 속담이 사태를 왜곡한다. 짚신이 짝이 있었던 적은 역사적으로 별로 오래되지 않다. 정복자가 특권을 누리는 만큼 그런 지위에 오르지 못한 남성의 기회는 줄어들었고, 사회적 피라미드의 중간 아래에 있는 남성 중에는 연애 한 번 못해 보고 사는 경우가 드물지 않았다. 연애는 결코 당연한 것이 아니다.

물론 성애는 자연적이다. 하지만 성애 충족을 위해 반드시 연애하는 과정을 거칠 이유는 없다. 연애는 성애 충족뿐 아니라 두 사람의 상당 기간 지속되는 관계이며 정서적 교류기 때문이다. 그런데 이 관계 지속에 대한 책임과 부담이 한 쪽에만 더 크다면, 그리고 이 지속되는 관계가 불평등하고 지배—종속 관계로 흘러간다면 당연히 타산의 대상이 되는 것이다.

그리고 그 타산의 결과 20대 여성은 혼인은 물론 연애도 당연한 것이 아니며, 그리 남는 것이 많지 않다는, 즉 가성비가 떨어진다는 사실을 깨달았다. 남자 친구야 있으면 좋지만 차라리 없느니만 못한 경우도 많다. 더구나 그런 없느니만 못한 남자 친구를 만날 확률이 갈수록 높아지고 있다. 남편도 아닌 남자 친구 상태에서도 남성의 특권을 누리려고 지배적인 성향을 드러내거나 보살핌을 요구하는 남성도 많다. 걸핏하면 신문 지상을 장식하는 데이트 폭력이나 이별 폭력 사건들은 연애 비용과 리스크를 천문학적으로 높인다. 연애는 상당히 리스크가 큰 투자다. 신체의 안전과 생명까지 걸어야 하는데 그 대가로 기대할 수 있는 편익이라고는 정서적 안정감과 친밀감, 그리고 성애의 즐거움뿐이다.

그런데 서로의 정서적인 안정감과 친밀감을 제공하는 상대는 남자 친구보다 동성 친구가 오히려 더 나은 경우가 많다. 1980년대만 해도 "여자들의 우정?"이라며 남성은 이를 비웃었다. 하지만 오늘날 오래 가고 끈끈한 우정은 남자가 아니라 여자 사이에서 이어진다. 그리고 성애의 즐거움은 즐거움의 요소가 많지 않던 시절에 비해 갈수록 중요성이 떨어지고 있다. 세상에는 섹스 말고도 재미있는 것이 너무 많다. 동성 친구 간의 우정이 과거보다 훨씬 끈끈하고 지속 기간이 길어지고, 문화와 여가의 폭이 넓어져 즐길 거리가 지천인 오늘날 이런저런 리스크를 계산하며 힘들게 연애하느니 아예 연애 자체를 포기하는 여성이 늘어나는 것은 별스러운 일이 아니다.

그런데 남성의 생각, 특히 머릿속에 오직 연애_{사실상 섹스}로 가득하다는 10~20대 초반 남성의 생각은 이와 다른 모양이다. 자기들 기준으로는 청춘 남녀가 만나면 서로 끌리고 연애하는 것이 "자연스러운" 일인데, 젊은 여성이 그러지 않는 것은 남자를 싫어하고 혐오하라는 불순한 사상이 유포되었기 때문이라고 생각한다.

그것이 바로 '페미니즘'이다.

모든 것을 성찰의 대상으로 삼는 근대, 그 속의 페미니즘

이대남은 여성이 자신들의 일자리나 성공의 기회를 빼앗아가서 화가 난 것이 아니다. 여성이 만나 주지 않아서, 연애하지 못해서 화가 난 것이다. 그리고 그 이유가 페미니즘 때문이라고 생각한다. 그래서 모든 일에 페미니즘을 갖다 붙인다. 하지만 이유는 다른 데 있다. 시대가 달라지고 세상이 바뀌었다. 이대남의 경쟁자는 페미니스트가 아니라 구태여 연애를 선택할 이유가 없게 만든 세상의 폭넓은 즐길 거리와 여자들 간의 친밀 관계다. 연애하고 싶다면 자신에게 그런 것들로부터 얻을 수 없는 독특함이 있음을 어필해야 한다. 연애는 당연하지 않다. 공부하고 노력해야 할 일이다. 좀 더 적나라하게 표현한다면 이렇다.

"연애는 더 이상 공짜가 아니다."

그리고 이것이 오히려 자연법칙에 더 가깝다. 자연 상태에서 연애는 남성이 상당히 노력해야만 겨우 획득할 수 있는 관계다. 여성이 본능적으로 연애 관계에 훨씬 신중할 수밖에 없기 때문이다.

자연 상태에서 성애라는 행위의 결과 여성이 치러야 할 비용은 남성과 비교되지 않을 정도다. 남성은 성애 행위 직후 이 결과에 대해 아무런 부담이 없다. 그러나 여성은 임신 기간과 수유 기간 등 최소 3년이라는 엄청난 부담을 지게 될 수도 있다. 따라서 여성은 이 기간에 자신과 아이를 양육할 생산 능력이 있고, 자신과 아이 곁에 머무를 성실함을 지닌 남성을 선택하려는 경향이 강하다.

또 남성은 자연 상태에서 동성을 서로의 경쟁자로 여기지만 여성은 동성 간에 친밀감을 느낀다. 자녀가 다 자라기 전에 어미가 죽을 위험이 컸던 자연 상태에서 여성들이 친밀한 공동체를 이루고 사는 것이 만일의 경우에도 자녀의 생존을 보장하기 때문이다. 따라서 자연 상태에서 여성은 되도록 많은 여성이 친밀한 공동체를 이루어 공동 육아가 가능한 상태를 만든다.

여성이 남성을 만나는 일에 까다롭고 남성보다 동성 간에 친밀감을 더 많이 느끼는 것은 결코 페미니즘 때문이 아니라 지극히 자연스러운 현상이다. 여자끼리 서로 질투하고 다툰다는 것이 오히려 문화적으로 조장된 것이다. 자연은 이렇게 말한다. 여성은 성애 파트너는 매우 신중하게 선택하지만 동성 간에는 훨씬 쉽게 친해진다. 물론 이것은 어디까지나 자연적인 조건이지 반드시 그래야만 하는 것은 아니고, 모든 여성이 다 그런 것도 아니다.

다만 자연적인 조건만으로도 남성보다 여성이 이성 파트너를 선택할 때 훨씬 까다로운데, 오늘날에는 친밀감이라는 감정이 자연적인 결과가 아니라 노력해서 만들어야 하는 것이 되었다. 그러니 남성이 어지간히 노력하지 않으면 연애하기 어려운 것이다. 단지 자기가 청춘 남성이라는 이유만으로 여성에게 느끼는 만큼의 친밀감을 여성도 느끼기를 바라는 것은 지나친 욕심이다. 물론 20대는 연애 감정이 쉽게 일어날 수 있는 시기다. 이것은 자연적이다. 하지만 그렇다고 청춘남녀를 한자리에 모아 놓는다고 바로 친밀함을 느끼고 연애 감정이 생기는 것은 아니며, 그 감정을 근거로 커플을 이루고 그 커플 관계를 비교적 장기간 유지하는 일은 절대 자연적이지 않다.

그동안은 여성을 불완전한 존재로, 남성의 도움을 받아야만 완전한 인간이 되는 존재로 끊임없이 평가절하한 미소지니로 가스라이팅 된 상황에서 젊은 여성이 남성을 찾았다. 하지만 페미니즘은 여성이 스스로 완성된 인격체임을, 적어도 남성보다 덜 완성된 것은 아님을 일깨워 주었다. 따라서 이런 여성과 지속적인 관계를 맺으려면, 즉 연애하려면 완성된 인격으로서 완성된 인격과 관계를 맺는 과정이 필요하다. 대등한 협의와 조정의 과정이 필요한 것이다.

이런 상황이 익숙하지 않은 젊은 남성은 당황한다. 거절과 거부에 익숙하지 않은 삶을 살아왔기에 어째서 자신들이 또래 여성들에게 거부당하는지 이해하지 못하고 분노한다. 사실은 거부당하는 것이 아니라 "관계를 만들고 싶으면 노력하라"는 것에 불과하다. 그 노력은 여성이라면 진작부터 해 오던 것이다. 그런데 쉽게 주어지던 것에 대가를 요구하는 순간 거부로 받아들이는 것이다. 이로써 이대남 사이에 안티페미가 유포된다. 여기에 군 문제까지 엮인다.

"너희 지켜 주느라 군대까지 다녀왔는데 안 만나 줘?"

그동안 수많았던 자연적인 것, 당연한 것이 이제는 서로 조정해야 하는 것, 성찰하고 합의해야 하는 것으로 바뀌었다. 앤서니 기든스, 울리히 벡 등이 말한 '성찰적 근대성'의 세계다. 너무 당연한 것으로 여기던 가족부터 당연한 것이 아니라 성찰하고 합의해야 하는 것으로 바뀌었다.

가족은 가장 대표적인 자연 공동체로 가족 구성원 간 친밀 관계는 대체로 당연한 것, 자연스러운 것으로 여겼다. 방대한 유교 사상의 출발점이 '효'인 까닭도 자식이 부모에게 가지는 가장 자연스러운 감정을 바탕으로 상하 질서가 유지되는 사회윤리를 구축하고자 했기 때문이다.

하지만 오늘날 가족 구성원 간의 친밀 관계는 더 이상 자연스러운 것이 아니다. 부모—자식 관계조차 성찰하고, 교섭하고 조정해야 하는 대상이 되었다. 이것을 말세라 부르는 건 각자 자유지만, 어쨌든 이미 일어난 일은 일어난 일이다. 이른바 모성이라고 하는 것도 맹목적이고 본능적이기만 한 것은 아니다. 사람은 출산과 사회적인 삶을 양자택일로 두고 선택할 수 있는 존재다.

자연의 섭리라고 알려진 부모—자식 간의 감정도 마찬가지다.

부모—자식 간의 친밀감은 자식의 '자의식'이 성장함에 따라 더 이상 자연적인 것, 당연한 것, 마땅한 것이 아니게 된다. 물론 부모—자식의 관계는 다른 관계보다 친밀감이 더 공고하게 자리 잡을 수 있다. 하지만 이는 필연의 법칙이라기보다는 일종의 조건일 뿐이다. 그 조건에서 어떻게 행동하고 교섭하고 조정하느냐에 따라 친밀감이 커질 수도 있고, 오히려 혈연 관계없는 남보다도 냉담하거나 적대적인 관계로 바뀔 수도 있다.

사실 부모—자식 간의 친밀감이라는 것이 자연적인 감정인지 혹은 그래야 한다고 학습한 일종의 윤리적인 감정인지 모호한 것도 사실이다. 가부장제와 이를 바탕으로 하는 각종 종교와 윤리 체계가 무너지거나 약해지면서 친밀감이 사라지고 냉담한 관계가 되거나 심지어 심각한 적대감을 주고받는 부모—자식 관계가 늘어나는 것을 보면 자연적인 감정 못지않게 윤리적인 감정의 몫도 컸음을 알 수 있다. 부모—자식 관계도 그럴 정도니 형제나 친척 간의 관계는 더욱 취약하다. 하물며 칼로 물 베기라는 부부싸움 단계까지도 안 간 혼인 전의 남녀관계는 오죽할까? 가족으로 가는 전 단계인 연애 역시 자연적이지 않으며 성찰의 대상이 된다.

페미니즘은 이 성찰의 연장선에 있다. 페미니즘 교육이란 남자가 이렇고 저렇고 하며 비난하는 교육이 아니라 그동안 당연한 것으로 여기던 여러 성 역할, 성 관념, 가족 관념, 연애 관념 등을 성찰의 대상으로 삼아 보는 것이다. 그 속에서 새로이 요구되는 노력이 있다면 그 노력을 기꺼이 하도록 동기를 심어 주는 것이다.

■

젠더 평등은 완료된 과제일까?
- 다채로운 세상을 만끽하려면 페미니즘과 함께

페미니즘 없는 반쪽짜리 인권의 발전사

지금까지의 내용을 요약해 본다. 페미니즘은 남성혐오가 아니고 여성 우월주의도 아니며, 다만 여성이라는 이유로 받는 각종 불평등과 부조리한 처우의 개선을 요구하는 인권에 대한 요구일 뿐이다. 좀 더 넓게는 여성에 대한 불평등하고 부조리한 처우뿐 아니라 이를 정당화하는 가부장제에 대한 반대까지 페미니즘의 범위에 들어간다.

바로 이 때문에 페미니즘은 여성뿐 아니라 부당하게 자신의 고유성을 억압받은 많은 남성과 성 소수자의 인권 요구기도 하다. 페미니즘은 여성뿐 아니라 어리거나 젊은 세대 남성의 권리에도 긍정적으로 이바지하며, 전통적인 남성상과 다른 개성을 가진 남성의 정체성, 행복추구권과도 직결된다. 따라서 남성도 얼마든지 페미니스트가 될 수 있다. 또 페미니즘은 세상을 바라보는 관점이기도 하므로 사회 현상을 새롭게 이해하는 데 도움이 되기도 한다.

삶이란 양극단을 오가는 것이 아니라 여러 요인이 복잡하게 얽혀 있는 가운데 균형을 찾아가는 것이다. 그런 점에서 이 세상을 페미와 안티페미라는 새로운 냉전적 사고방식으로 바라보는 경향이 강한 요즘 남학생의 모습은 상당히 위태롭다. 따라서 그들이 아무리 안티페미를 외치고 동조하더라도 실상 그들의 마음속에는 이미 페미니즘이 자리 잡고 있음을 가르쳐 주어야 한다. 나이가 많거나 가족 내에서 서열이 높은 사람에게 복종해야 하는 상황을 부당하게 느낀다면, 그 상황을 어리거나 서열이 낮은 사람의 인권을 침해하거나 지나치게 제한하는 것으로 느낀다면 이미 페미니즘의 출발점에 선 것이기 때문이다.

페미니즘은 거창하거나 급진적인 정치 투쟁이 아니라 인권에 대한 여성의 요구라 했다. 그리고 이때 요구하는 인권은 여성으로서의 특권이 아니라 만약 남자로 태어났다면 아예 고민하지도 않았을 것이 여성에게는 심각하고 절실한 문제가 되는 상황을 바꾸어 달라는 것이다. 남자라면 물과 공기처럼 당연하게 누리는 것을 여성은 온 힘을 다해야 겨우 얻을 수 있는 경우가 많으니 이것을 교정하자는 것이다. 그런데 정말로 긴 세월 여성은 고민하지 않아도 될 것을 고민했고, 당연한 것을 누리지 못했다. 심지어 아직도 그러하다. "여성은 최후의 식민지다."라고 한 엥겔스의 말이 정곡을 찌른다.

우리나라 공교육은 인권을 매우 중요한 영역으로 다룬다. 특히 사회 과목의 정치 영역은 사실상 인권을 주제로 삼고 있는 것이나 다름없다. "국가의 목적이 국민의 인권을 보호하기 위해서"라는 것을 전제로 하고 이를 위해 국민의 합의를 통해 만들어진 헌법이 인권을 기본권으로 보장하고 각종 국가 기관을 이 목적 달성의 도구로 삼는 자유민주주의를 기본으로 하기 때문이다.

따라서 공교육 과정의 정치 영역은 근대 이후 인류의 역사를 인권의 발달사로 가르친다. 그 순서는 생존권적 기본권—자유권적 기본권—참정권적 기본권—사회권적 기본권—그리고 정체성 권리다. 생존권적 기본권과 자유권적 기본권은 가장 먼저 등장한 인권으로 흔히 1세대 인권이라 불린다. 이는 모든 사람은 자기 신체, 마음, 그리고 삶의 주인이라는 데서 출발한다. 따라서 사람이라면 누구나 자신의 생명, 안전, 행복을 추구할 권리를 가지며, 다른 사람의 이러한 권리를 침해하지 않는 한 이를 방해받지 않고 추구할 자유를 동등하게 누려야 한다.

여기서 시민혁명의 양대 구호가 된 자유권과 평등권이 등장한다. 이는 "모든 사람은 자신의 신체와 마음의 유일한 주인"이라는 데서 비롯된다. 따라서 다른 사람의 신체와 마음을 훼손하지 않는 한 자신의 신체와 마음에 대한 유일한 처분권자는 바로 그 소유자다. 토머스 홉스, 존 로크, 몽테스키외, 볼테르, 루소 등 1세대 인권 사상가가 한결같이 주장하는 것이 바로 이 1세대 인권이며, '대헌장', '미국독립선언', '인간과 시민의 권리선언'프랑스 인권선언의 핵심 가치도 바로 이것이다.

이렇게 인격체로 인정받는 개인 간에는 당연히 차별이 있을 수 없으므로 이는 자연스럽게 평등권으로 발전한다. 이 역시 1세대 인권 사상가들이 "이 자유는 모든 사람에게 평등하게 주어지며, 누구도 다른 사람보다 월등히 더 많은 권리를 요구할 수 없다."라고 정리했다. 이에 따라 근대 민주국가에서는 어떤 특권 계급도 인정하지 않으며, 출신에 따른 어떤 차별도 인정하지 않는다.

평등은 단지 신분제도의 철폐만을 의미하지 않는다. 근대는 물론 2500년 전 철학자인 플라톤, 아리스토텔레스도 빈부의 격차가 결국 특권층을 만들어 내면서 공화정을 위협한다는 것을 알고 있었다. 그래서 이상주의자인 플라톤은 사실상 공산주의에 가까운 공화국을 제안했고, 현실주의자인 아리스토텔레스는 빈부 차를 줄이고 되도록 인구 대다수가 중산층이 되는 것이 그나마 이

상형에 가까운 정치를 가능하게 한다고 주장했다. 따라서 평등권이란 재능과 노력이라는 변수 이외의 것이 부와 성공에 개입하는 것을 차단하고, 그 부와 성공으로 발생하는 격차도 지나치지 않도록 한다는 의미가 있기도 하다.

근대 민주주의는 국가의 목적을 이러한 인권의 보장이라고 못 박고 이를 인권의 소유자들과 국가 간의 계약서인 헌법으로 규정하는 과정에서 형성되었다. 문제는 이 계약 과정에 모든 사람이 참가할 수 있어야 한다는 것이다. 여기에서 자연스럽게 다음 단계의 인권인 '참정권'이 등장한다.

즉 "나의 양심과 신체, 생명을 간섭하거나 건드리지 말라."는 자유권과 이를 모든 사람에게 동등하게 보장해 달라는 평등권에서 "이 공동체 구성원으로서 나의 자유와 평등에 영향을 줄 수 있는 공동의 결정 과정에 참여해야 한다."는 공적이고 능동적인 권리로 발전한 것이다.

이는 인권의 범위를 사적인 권리에서 공적인 권리로 확대했다. 처음 시민혁명이 일어나던 18세기만 해도 국가나 공권력이 사적인 권리를 침해하는 것을 제한하는 것, 공권력이 개인의 삶을 함부로 건드릴 수 없게 하는 소극적인 인권을 요구하였다. 가령 1688년 일어난 영국 명예혁명 당시 발표된 '권리장전'을 보면 국왕과 정부가 인신의 구속과 재판, 처벌을 함부로 하지 않고, 세금을 함부로 걷지 않는다는 내용이 거의 절반에 이를 정도로 많다. 반면 19세기 시민혁명은 국가의 의사결정 과정에 참여할 동등한 권리, 즉 참정권의 확대를 목적으로 했다. 참정권의 확대는 자신이 국가의 주권자임을 의식하는 수많은 개인을 양산했다.

이로써 자유로운 개인에서 국가의 주인, 주권자 중 한 사람인 시민이라는 자각이 모든 계층, 계급에 걸쳐 일어났다. 당연히 이들은 국가의 주인으로서 최소한의 존엄을 요구하게 되었다. 명색이 국가의 주인이며 주권자인데 생존에 급급해서야 체면이 서지 않는다. 이로써 최소한의 삶의 수준을 국가가 보장해야 한다는 사회권이 등장하게 되었다.

이렇게 인권의 발전 과정을 장황하게 정리한 까닭은 여기까지의 인권이 반쪽짜리 인권이기 때문이다. 교과서에서 다루는 1세대 인권, 2세대 인권, 그리고 논란의 여지는 있지만 3세대 인권으로 이어지는 인권의 역사는 오직 '남성 권리'의 역사일 뿐이다. 노동계급이 참정권을 요구하며 봉기했을 때도, 또 남북전쟁이라는 참혹한 과정을 거쳐 미국에서 흑인들에게 참정권이 주어졌을 때도 이 모든 권리는 '남성'의 권리였다.

인권의 나머지 반쪽, 여성의 권리의 발전 과정은 어떠했을까? 남성의 권리가 '인권'이라는 이름으로 보장되고 발전되는 과정을 따라갔을까? 안타깝게도 우리의 공교육 교육과정은 여성의 권리라는 주제를 교묘하게 배제하고 있다. 공교육 교과서에서 인권의 발전사는 시민혁명을 통해 확립된 자유권적 기본권, 1848년 2월 혁명과 미국 남북전쟁을 계기로 확립된 참정권적 기본권, 그리고 바이마르 헌법에서 제시된 사회권적 기본권의 순서로 인권의 역사를 가르친다. 여기서 한발 더 나아가면 국제연합 인권헌장에 제시된 소수민족, 성적 소수자 등 소수자의 정체성 요구와 연대권까지 포괄하여 새로운 인권으로 서술한다.

이 과정에서 여성은 너무도 당연히 '인'에 포함된 것으로 취급되며 여성의 권리 쟁취의 역사를 따로 의미 있게 다루지 않는다. 그래서 학생들은 인권의 범위가 확대되고 그것을 누리는 사람의 범위가 확대되는 과정에서 여성도 당연히 그 과실을 누린 것으로 착각하기 쉽다. 공교롭게도 교과서에서 인권의 확대를 위해 싸운 사람 역시 온통 남성이다. 결국 우리 교과서는 오늘날 여성이 그나마 누리는 인권이 마치 남성이 싸워서 획득한 권리에 편승한 것 버스 탄 것처럼 느끼게 만든다. 들라크루아가 그린 유명한 그림을 보라. 자유를 위해 싸우는 사람은 모두 남자다. 이 그림에서 단 한명뿐인 여성은 사람이 아니다. 자유에 대한 상징일 뿐이다. 심지어 남자들 앞에서 벗었다.

하지만 남자들은 이렇게 싸워 얻은 자유와 권리를 결코 여성에게 나누어 주지 않았다. 시민혁명은 물론 2월혁명까지 모두 마무리된 19세기 후반~20세기 초반까지도 여성의 운명은 결혼으로 결정되었고, 일단 결혼한 이상 남편이 사망하거나 이혼을 요구하지 않는 한 그 굴레에서 벗어날 길이 없었다. 제인 오스틴 같은 대문호조차 생전에는 자신이 《오만과 편견》의 작가라는 것을 가족조차 모르게 했다.

여성의 권리는 남성 인권의 발전 과정에 따라 주어진 것이 아니라 아주 뒤늦게 여성의 치열한 투쟁 끝에 획득했다. 그래서 그 발전 과정도 통상적인 인권의 발전 과정과 다르다. 자유권—참정

외젠 들라크루아, 민중을 이끄는 자유의 여신, 325×260cm, 루브르박물관, 1830년

권—사회권—연대권의 순서로 발전한 것이 아니라 참정권—연대권—사회권—자유권의 순서로 발전했다. 이는 여성의 권리에 대한 자각이 19세기 중반 이후에야 시작되었기 때문이다. 당시 인권의 가장 중요한 쟁점인 참정권을 중심으로 인권 요구가 분출한 것이다. 사실상 1세대 여성 권리운동은 곧 여성 참정권 운동이나 다름없었다. 심지어 이 참정권조차 서프리지suffrage 뒤에 귀여움을 의미하는 축약형 어미-tte를 붙여 서프러제트suffragette 운동이라고 불렀다.

　1세대 여성 권리운동이 참정권 운동에서 시작한 까닭에는 여성의 권리를 처음 주장한 선각자가 주로 중상층 혹은 상류층 여성이기 때문이다. 상류층 여성에게 보통선거는 큰 충격이었다. 자신들의 하인에 불과한 노동계급이나 흑인이 자신들의 삶에 영향을 줄 정치적 결정에 참여할 권리를 가지게 된 것이다. 단지 남자라는 이유로. 따라서 이들은 우선 참정권부터 요구했다. 남성 하층민에게도 주어지는 참정권이 어째서 그들보다 훨씬 우월한 자신들에게 다만 여성이라는 이유만으로 거부되는지 이해하기 어려웠을 것이다. 이로써 이들은 귀족이나 평민, 상류층, 중산층, 빈곤층 등의 계급 계층보다 남성/여성의 성별이 훨씬 근본적인 차별의 근원임을 자각하게 되었다.

여성 참정권은 이로부터 거의 한 세대가 지난 20세기 초에야 간신히 주어졌다. 처음에는 덴마크, 핀란드, 오스트레일리아 등 비교적 주변부에 속한 나라에서 시작되었고, 막상 세계를 주도하는 영국과 미국은 요지부동이었다. 그러다 격렬한 여성의 저항과 1차 세계대전 당시 여성의 징용을 정당화하기 위해 1918년에야 선거권이 주어졌다. 그마저도 연령 기준을 30세 이상으로 정하여 21세 이상인 남성과 차별하였다. 남자는 21세부터 책임 있는 성인이지만, 여자는 30세나 되어야 한다고 끝까지 몽니를 부린 것이다. 그 당시 영국 남성의 여성관을 영화 〈원더우먼〉미국, 패티 젠킨스, 2017이 풍자한 바 있다. 원더우먼이 자신의 의견을 말하자 영국군 고위 장성이 그 의견의 옳고 그름을 말하는 것이 아니라 '아니, 여자가 말을 하고 있어?'라는 듯이 반응한 것이다. 여자가 말을 하는 것 자체가 틀렸다는 것이다. 이렇게 말 자체를 들으려 하지 않는데 나라의 중요한 일을 결정하는 선거에 투표권을 줄 리 없다. 여성에게 남성과 차별 없는 참정권이 동등하게 주어진 것은 이로부터 다시 10년이나 더 지난 1928년의 일이다.

이것은 작은 변화가 아니다. 여성에게 선거권이 있다는 것은 여성의 목소리가 공론장에 들리기 시작했다는 뜻이며, "여자가 말을 하고 있어?" 하며 무시하지 못한다는 뜻이다. 여성도 남성도 모두 한 표씩이니 말이다. 따라서 여성의 권리는 참정권을 획득한 다음에야 시작되었다. 남성에게 당연한 권리들을 얻기 위해 먼저 공론장에서 의미 있는 발언권을 획득하고, 그 발언을 대신할 대리인을 대의기구에 진출시켜야 했기 때문이다. 그다음에야 자유니 뭐니 하는 다른 기본권들을 얻을 수 있다. 하지만 그 과정도 쉽지 않았고, 다시 30년 이상의 시간이 더 필요했다. 여성에게 참정권이 있다고 해서 바로 여성을 대변하는 정치인이 등장한 것도 아니고, 여성이 의미 있는 정치 세력을 이룰 수 있는 것도 아니기 때문이다.

여성에게 참정권이 주어지고 한 세대 정도의 힘이 누적되고 나서야 자유권에 대한 요구가 본격적으로 등장했다. 여기서 말하는 자유란 단지 마음대로 할 수 있음, 혹은 외부의 간섭 없음 수준의 소극적인 것이 아니라 삶의 다양한 선택지를 보장하는 것, 삶의 선택지에 제한을 두지 않는 적극적인 것이다. 만약 선택지가 제한되어 있으면 마음대로 할 수 있다 하더라도 아무 소용없기 때문이다.

여성, 삶을 선택할 자유를 요구하다

시민혁명의 구호는 자유, 평등이다. 그런데 자유주의가 완성된 시민혁명 이후에도 여성에게는 자유가 없었다. 사실상 혁명 이전이나 이후나 크게 달라지지 않았다고 봐야 한다. 이전이나 이후나 삶의 선택지는 누군가의 딸로 자라 누군가의 아내가 되고, 누군가의 어머니가 되는 것뿐이기 때문이다. 더구나 이 선택지는 모든 계급과 계층을 가리지 않았다. 남성은 출신 계층에 따라, 또 어떤 교육을 받느냐에 따라 삶의 선택지가 극적으로 달라진다. 대표적인 사례로 찰스 디킨스의 작품 《올리버 트위스트》나 《데이비드 코퍼필드》 주인공의 운명이 어떻게 바뀌었는지 보라. 《위대한 유산》의 핍의 삶의 선택지가 얼마나 극적으로 확대되었다가 다시 위축되었는지 보라. 남성은 계층과 계급이 달라지면 삶의 선택지가 엄청나게 확대된다. 노동자 아니면 농민밖에 없던 선택지가 세상의 온갖 영역으로 넓어진다. 설사 빈곤층으로 태어났다 하더라도 어떻게든 노력하여 고등 교육을 받기만 하면 선택지가 확 넓어지며 그야말로 새로운 세상이 열리는 수준이 되었다. 이는 성취에 대한 강한 동기가 되며 삶을 역동적으로 만들고 교육에 적극적으로 투자할 유인이 된다. 힘들게 일하면서도 학업을 계속하는 고학생苦學生 이미지는 90% 이상이 남학생이다. 고학생이 반드시 1950~60년대 우리나라에서만 나타난 현상이 아니라는 말이다. 19세기 말~20세기 초반까지 미국이나 영국에서도 많이 찾아볼 수 있다. 당장 에이브러햄 링컨 대통령이 바로 고학생 출신이 아닌가?

여성에게는 그런 극적인 변화가 없었다. 물론 부유한 계층에

태어나면 초등교육도 받지 못하는 빈곤층 여성과 달리 중등교육은 물론 고등교육까지 받을 수도 있다. 그러나 그렇다고 해서 삶의 선택지가 극적으로 확장되는 것은 아니다. 역시 누군가의 아내가 되고 어머니가 되는 것에는 변함이 없다. 선택지는 삶의 종류가 아니라 배우자의 종류가 확대되는 것으로 나타난다. 배우자가 되는 남성이 노동자, 농민뿐인 계층과 변호사, 지주, 은행가, 군인, 관리, 예술가, 의사, 학자, 교육자 등 다양한 계층으로 구별될 뿐이다. 누군가의 아내가 되는 것 외의 선택지는 겨우 교사 정도가 주어질 뿐이다.

따라서 중산층 이상의 계층, 그리고 고등 교육을 받은 여성을 중심으로 불만이 누적되는 것은 너무 당연하다. 그럼에도 불구하고 이 불만이 하나의 운동을 이루지 못한 까닭은 비록 고등교육을 받더라도 "여자로서" 받은 것이며, 많은 학식을 얻었다 하더라도 "여자 치고는 유식하다"는 식의 평가를 스스로 받아들이도록 가스라이팅Gaslighting 되었기 때문이다.

가스라이팅은 상대방의 자존감을 교묘하게 떨어뜨려 자신에게 의존하게 만드는 일종의 세뇌 행위를 말한다. 여성에게도 동등한 참정권이 주어진 상황에서 가부장의 권력을 유지하는 방법은 비록 같은 한 표를 행사하더라도 그 표를 온전하게 행사할 능력이나 판단력이 부족하다고 여성이 스스로 받아들이게 만드는 것뿐이었다. 이는 특정한 남성이 의도적으로 행했다기보다는 가부장제를 통해 은연중에 무의식적으로 이루어졌다.

특히 유아기, 아동기 때의 사소한 피드백 차이만으로도 여성은 자신이 남성보다 이성적이지 못하고, 두려움이 많고, 종종 감정에 휩싸여 잘못된 판단을 해서 공적인 일을 담당하기에 적합하지 않다고 스스로 생각하게 된다. 가령 똑같은 실수를 하더라도 부모가 "남자가 이 정도로 울면 어떻게 해? 당장 제대로 해. 넌 할 수 있어." 하는 경우와 "여자는 이런 거 못 해도 돼. 넌 예쁘고 착하니까."로 갈라지는 경우가 많다.

이 말의 유래는 패트릭 해밀턴의 연극 〈가스등 Gaslight, 1938〉인데, 이 연극이 세계적으로 유명해진 계기는 같은 제목의 잉그리드 버그만 주연의 영화 미국, 조지 쿠커, 1944 다. 그 내용은 남편이 아내를 교묘하게 정서적으로 학대하면서 무기력과 공허에 빠지게 만들어 남편에게만 의지하도록 만드는 과정을 보여 준다.

여성에 대한 가스라이팅은 남성이 여성을 조종하겠다는 목적을 가지고 고의적이고 계획적으로 하지 않는다. 대부분의 남성과 여성 주로 어머니 은 자신이 가스라이팅하고 있음을 의식하지 못하며, 그럴 목적도 없다. 그들은 단지 기존의 관행, 관습, 선입견, 굳어진 생각에 따라 자연스럽게 말하고 행동할 뿐이다. 하지만 그것이 그들과 마주하는 여성에게는 가스라이팅으로 작용한다. 특히 심리적으로 약하거나 위축된 상황에서는 더 쉽게 가스라이팅당한다. 부모나 교사에게 많이 의존해야 하는 어린 시절, 그리고 경제권이 없어 남편에게 생계를 의존해야 하는 아내는 이미 가스라이팅이 쉽게 이루어질 토양 위에 서 있다고 할 수 있다. 이런 상황에서 가부장제의 흔적을 무의식에 담고 있는 부모나 남편이 내리는 사소한 평가는 모두 가스라이팅으로 작용한다.

영화 〈가스등〉 중에서

　예를 들면 어릴 때 해결하기 어려운 일이 생길 때마다 "아빠 오면 해 달라고 하자.", "곧 아빠 오시니까 다 해 주실 거야."라고 말하는 어머니를 보고 자란 여성이 그렇다. 학교에서도 남학생보다 여학생에게 은연중에 낮은 성취 기대를 보이는 경우가 있는데, 이런 미묘한 차이도 누적되면 여성이 스스로 남성보다 부족하다고 여기게 만든다. 물론 그 어머니 혹은 교사는 딸 혹은 여학생을 의존적으로 키우겠다는 목적으로 그런 말을 하지는 않았을 것이다.

　하지만 이런 무의식적인 가스라이팅은 여성의 교육 수준이 높아지면서 점점 빛이 희미해지기 시작했다. 교육은 결국 이성의 빛을 쪼이는 과정이며, 이성의 빛을 맛본 여성은 그동안 자기네를 속여 왔던 가스등의 빛이 얼마나 초라하고 기만적인지 알게된다. 이제 여성들은 삶의 다양한 성취를 인정받지 못하고 오직 '여성'이라는 단 하나의 선택지만을 강요받는 답답한 삶에 불만을 분출하기 시작했다. 자유에의 요구가 분출한 것이다. 참정권 획득부터 여기까지 거의 한 세대가 걸렸다. 이것이 바로 2세대 페미니즘이다.

존재하지도 않는 여성성 예찬

베티 프리단은 2세대 페미니즘의 상징적인 인물이다. 그의 책 《여성성의 신화The Feminine Mystique》김현우 옮김, 갈라파고스, 2018는 이러한 2세대 페미니즘의 물결을 불길로 바꾼 기념비적인 저작으로 꼽히며 지금까지 출판되고 있다. 그런데 이 책은 처음 우리말로 번역될 때 《여성의 신비》2005라는 제목으로 출판되어 많은 오해를 불러일으켰다. 아무리 봐도 이해할 수 없는 번역이며, 엉뚱한 상상을 자극하는 잘못된 번역이다. 마치 여성만의 어떤 신비로운 능력, 속성을 소개하는 책처럼 보이기 때문이다. 하지만 이 책의 내용은 이와 정반대로 여성의 독특한 신비로움 따위는 없다는 주제를 다룬다. 물론 이 잘못된 번역은 2018년에 《여성성의 신화》라는 올바른 번역으로 대체되었다.

이 책에서 말하는 '신비'는 어떤 고차적이고 초월적인 무엇이라는 뜻이 아니라 현실적이고 과학적인 근거가 전혀 없다는 뜻이다. 차라리 '미신'이라고 부르는 쪽에 가깝다. 즉 '여성성'이라고 하는 것에 아무 과학적 근거가 없다, 이는 일종의 신화, 미신에 불과하다는 뜻이다. 여기서 말하는 '여성성'은 결국 '모성'이다. 지난 수천 년간 거의 모든 문화권에서 발견되는 이른바 '모성 예찬'의 주체가 여성인 경우는 거의 없다. 항상 "아, 어머니, 어머니"는 남성의 목소리로 불린다. 어떤 면에서는 역사를 통해 이루어지는 가스라이팅이라고 할 수 있다. '모성'이 위대한 것, 아름다운 것으로 높이 숭상될수록 여성은 '어머니 됨'보다 더 고귀한 목표는 있을 수 없다는 생각을 받아들이기 때문이다.

그러나 그 결과는 여성이 공적인 활동에서 배제되고 집안에 묶이는 것이다. 한 편에서는 "여자가 뭘 안다고 그래?"로 배제하고, 다른 한편에서는 "세상에 엄마보다 더 중요한 일이 있을까? 엄마보다 더 신성하고 고귀한 일이 있을까? 엄마가 될 수 있다는 것이야말로 여성만의 특권이 아니겠는가?" 따위의 신비로운 예찬으로 배제하는 것이다. 여기서 더 나아가 이 모성 본능을 따스함, 보살핌, 공감 같은 속성으로 확장해 그것을 '여성성', '여자다움'으로 규정하고 예찬하는 것이다. 하지만 그렇게 집 안에 머물게 된 여성이 신성하고 고귀한 어머니로서 존경과 존중을 받았는가 하면 그것은 절대로 아니다.

프리단은 바로 이런 의미에서 '여성성'을 단지 '신화에 불과하다'고 비판한 것이다. 여성성이 단지 신화에 불과하다면 그 반대편에 있는 남성성 역시 단지 신화에 불과한 것이 될 수밖에 없다. 그렇다면 '여성성'이라는 것을 근거로 여성에게 강요한 삶의 선택지는 아무 근거 없는 것이며, 여성 역시 남성과 마찬가지로 가정이 아닌 공적인 영역에서 마음껏 자신의 역량을 펼치며 일할 수 있어야 한다.

이를 계기로 여성의 사회 진출을 가로막는 각종 장애물에 대한 거센 반발이 운동이 되어 일어났다. 특히 프리단이 맹렬히 활동했다. 그는 작가가 아니라 활동가다. 그는 여성을 위한 전국 기관National Organization for Women, NOW을 설립하고 초대 회장으로 활동했으며, "평등을 위한 여성의 파업Women's Strike for Equality"을 조직했다. 이 운동은 주로 중산층 백인 여성을 중심으로 확산했고, 이를 바탕으로 많은 여성운동 단체가 수립되었다. 우리나라에서 통상 페미니즘, 여성운동이라고 하면 가장 많이 떠올리는 것이 바로 이 2세대 여성운동이다. 그럴 수밖에 없는 것이 우리나라는 1세대 여성운동의 성과, 즉 유럽과 미국에서 반세기를 싸워 얻은 여성 참정권을 정부수립과 동시에 완성된 상태로 바로 얻었기 때문이다.

2세대 여성운동의 주장은 가정주부 혹은 전통적으로 여성에게 적합한 직업이라고 여기던 제한된 몇몇 직업 이외에는 선택지가 주어지지 않았던 여성에게 다양한 직업 세계로의 제한 없는 진출과 성공을 요구하는 것이다. 사회에서 영향력 있고 명예로운 주류에 여성도 진출하게 해 달라는 것이다. 누구누구의 부인으로서가 아니라 누구누구로서 주류에 진입하겠다는 것이다. 이와 연결해 피임과 낙태 등 여성의 자기 신체 통제권에 대한 권리 요구도 거세게 일어났다.

얼른 보면 하나는 공적인 권리, 다른 하나는 가장 사적인 권리로 보인다. 그러나 이 둘은 동전의 양면과 같다. 임신과 출산이야말로 '여성의 신비'라는 이름으로 포장되어 여성의 사회 진출을 어렵게 만드는 가장 근본적인 장애물이기 때문이다. 클라라 슈만의 사례에서 확인할 수 있듯, 설사 남편이 아내의 사회 활동과 성공을 '말로는' 지지하고 격려한다고 할지라도 끊임없는 임신과 출산은 그 기회를 사실상 박탈하거나 크게 제한한다. 음악가로 성장하는 데 결정적인 기간인 20대 10년을 여덟 아이의 임신과 출산 그리고 양육으로 다 채워 버린 그가 그 10년 동안 일취월장한 남편보다 예술적으로 부족한 점이 있었을까?

더구나 임신과 출산은 여성의 신비라는 이름으로 칭송받는 동시에 한편에서는 여성을 무시하고 폄하하는 근거로 작용하기도 한다. 이게 어떻게 가능할까? 이 둘은 다음과 같은 논리의 뫼비우스 띠를 만들어 낸다.

① 여성에게는 오직 여성에게만 있는 신비로운 '여성성'이 있다.

② 이에 따라 여성은 공감하고 동정하고 누군가를 보살필 때 가장 행복하고 그런 일에 가장 이끌린다.

③ 여성의 가장 큰 행복은 어머니가 되는 것이다.

④ 아아, 어머니, 그 이름은 위대하다. 가장 여성적인 것이 우리를 구원한다.

⇩

① 여성은 공적인 업무나 책임져야 하는 자리에 적합하지 않다. 업무보다 자기 자녀와 가정을 더 중요하게 생각하기 때문이다.

② 또 감정에 치우쳐 공감과 보살핌을 이렇게 달리 해석 잘못된 판단을 내리기 쉬우며, 임신과 출산으로 많은 시간과 정력을

빼앗기기 때문에 업무의 연속성을 확보하기 어렵다.

③ 따라서 여성은 가정주부나 여성에게 적합한 몇몇 분야에서 일하는 것이 마땅하다.

한편에서는 임신과 출산, 그리고 자녀의 양육이야말로 가장 여성스러운 일이며 여성에게만 주어지는 신비라고 칭송하면서 다른 한편에서는 임신, 출산, 양육 때문에 여성에게 중요한 일을 맡길 수 없다고 하는 것이다. 만약 "나는 임신과 출산을 하지 않고 일하는 것이 더 행복하다."라고 주장하는 여성이 늘어난다면 혹은 "아이는 둘 정도면 충분하니 이제부터 더 이상 임신하지 않겠다. 이제부터 일하겠다."라고 주장하는 여성이 늘어난다면 저 뫼비우스의 띠가 끊어진다.

하지만 그동안 임신과 출산에 대한 통제권은 언제나 남편, 즉 남성이 쥐고 있었다. 남성이 성관계를 강요할 때 신체적인 힘의 차이로 인해 여성이 이를 막는 것은 거의 불가능하기 때문이다. 더구나 부부 사이에는 대부분의 문화권, 대부분의 역사 동안 성폭력이 적용되지 않았다. 부부 사이에도 강간죄가 성립한다는 판례가 나온 것은 미국, 프랑스 같은 나라에서도 무려 1980년대가 지난 다음의 일이다. 그러니 2세대 페미니즘이 한창이던 1960~70년대에는 꿈도 꿀 수 없는 일이었다. 남편이 관계하겠다고 마음먹으면 언제든지 할 수 있었고, 경구피임약이 등장하기 전까지 남편은 언제든지 아내를 임신시킬 권능을 가지고 있었다.

경구피임약이 있기는 했지만, 여러 가지 부작용이 있는 이 약을 장기간 먹기도 어려웠다. 낙태는 법으로 철저히 금지되어 있었으며 여성과 의사가 모두 처벌받는 범죄로 취급되었다. 그러니 남편은 원한다면 아내를 20년간 임신과 출산을 연속하게 만들 수 있었고, 실제로 2차 페미니즘 운동 이전까지 많은 기혼 여성의 운명이 그랬다. 다섯 명 이상의 자녀를 둔 어머니가 흔했던 시절이다. 심지어 영국의 빅토리아 여왕도 20~30대는 늘 임신 상태였고, 그나마 부군 앨버트 공작과 일찍 사별한 덕분에 생애 후반기를 비교적 가벼운 몸으로 살아갈 수 있었다.

따라서 언제든지 임신과 출산을 요구할 수 있다는 것은 적어도 가부장의 지위를 차지한 남성에게는 여성을 지배하기 위해 휘두를 마지막 무기나 다름없었다. 이는 가부장의 지위를 차지하지 못한 남성에게 휘두르는 권력이기도 했다. 역사 속의 가부장제 기간은 남성이 여성을 지배한 것이 아니라, 가부장이 나머지를 지배했을 뿐이다. 여성을 임신시킬 남성은 남성 중에도 일부에 불과했다. 근대 이후 1928년 이전까지의 민주주의는 어쩌면 모든 남성에게 적어도 한 사람의 여성이 할당되는 평등에 불과했을 수 있다. 그런데 그것이 무너진 것이다. 아직도 미국에서 낙태 허용 여부가 윤리적인 이슈가 아니라 첨예한 정치적 이슈로 작용하는 이유가 바로 여기 있다. 여성의 자유를 제한할 마지막 무기를 무장해제하느냐 마느냐에 대한 이슈*인 것이다.

2세대 페미니즘 운동은 정치적으로 중요한 역할을 했다. 이들은 고학력 중산층 백인이라는 특성상 빠르게 정치세력화할 자원이 있었고, 전략적으로 민주당을 그들의 목소리가 반영되는 통로로 만들었다. 오늘날 민주당이 여성의 권익을 주장하고 공화당이 그 반대 목소리를 내는 까닭은 민주당이 진보적인 배경을 가진 정당이라서가 아니다. 원래 미국 민주당은 노예제 폐지에 반발한 남부 백인의 정당이다. 한마디로 수구 정당이다. 이 정당이 노동자계급의 권익을 옹호하는 진보적인 위상을 차지한 것도 남부 백인을 옹호하다 보니 빚어진 일이다. 남북전쟁에서 패배한 남부의 옛 농장주가 몰락하여 북부 자본가에 고용되었기 때문이다. 반면 이들은 유색 인종과 여성에게 적대적이었다. 민주당을 대표하는 정치인인 앤드루 잭슨, 시어도어 루스벨트, 우드로 윌슨은 하나같이 지독한 인종 차별주의자이자 남성우월주의자였다. 그랬던 민주당이 페미니즘을 옹호하는 정당으로 바뀐 것은 바로 이 2세대 페미니스트들의 정치 세력화와 무관하지 않다. 그들의 수가 당락을 결정할 수준이 된 것이다.

하지만 2세대 페미니즘에 대한 비판도 만만치 않았다. 보수 우파 쪽에서 쏟아지는 비난이야 당연하지만 진보, 좌파 진영의 비판도 만만치 않았다. 노동운동을 중심으로 하는 전통적인 좌파들은 2세대 페미니즘을 부르주아 백인 여성의 배부른 소리로 치부했다. 전통 좌파로서는 '여성'이라고 하는 탈계급적 정체성을 인정하기 어려웠을 것이다. 도대체 노동계급과 중산계급, 그리고 부르주

---

* 미국 연방대법원은 1973년 1월 낙태금지법에 대해 위헌 판결을 한 바 있다. 하지만 이 책을 준비하는 사이, 현지 시간 2022년 6월 24일에 미국 연방대법원은 임신 6개월이 되기 전까지 여성이 낙태할 수 있도록 했던 '로 VS 웨이드'(성폭행을 당해 낙태를 요구한 여성의 가명 '로'와 텍사스주 정부를 대표한 검사의 이름을 따서 붙였다) 판결을 폐기했다.

아가 어떻게 '여성'이라는 이름으로 하나가 될 수 있는지 이해하지 못한 것이다. 오히려 그들은 이 '여성'이라는 정체성이 노동자 계급의 정체성을 혼란에 빠뜨리고 분열시켜 결국 자본가를 이롭게 하는 기만행위라고 비난했다. 이때 자주 동원되는 논리가 "근본적인 투쟁의 우선성"이다. 세상 모든 모순의 근원은 자본주의이며 모든 투쟁의 근원은 계급투쟁, 따라서 페미니즘 역시 노동운동의 부분집합으로서만 그 가치가 있으며, 노동운동을 우선해야 한다는 것이다. 한 줄로 요약하면 '노동 해방 없이 여성 해방 없다' 정도 되겠다. 시대는 한참 뒤지만 우리나라 역시 1989년 노동자 대투쟁 이후 분출되던 각종 신사회운동 여성, 소수자, 환경 등에 대해 주류 운동권에서 이런 논리로 포섭을 시도한 바 있고, 이는 '딸들아 일어나라'라는 투쟁가 가사에 잘 반영되어 있다.

이 땅의 노동자로 태어나 자랑스런 딸로 태어나
사랑도 행복도 다 빼앗겨 버리고 참아 왔던 그 시절 몇몇 해
나가자 깨부수자 성차별 노동착취 뭉치자 투쟁이다 여성 해방 노동 해방

그런가 하면 2세대 페미니즘 운동 명망가를 향한 페미니스트들의 내부 비판도 만만치 않았다. 그 주요 비판자는 노동계급, 특히 유색 인종 여성 운동가였다. 이들은 2세대 페미니스트가 그토록 갑갑해하던 가정의 굴레를 벗어난 사회 진출에의 욕망이 전형적인 중산층 백인 여성의 상황을 반영한 것이라고 비판했다. 노동

계급, 특히 유색인종미국에서는 이 둘이 겹치는 경우가 많다 여성 중에 가정의 굴레에 매여 사회생활을 꿈꾸는 사람은 거의 없기 때문이다. 이들은 원하든 원하지 않든 사회 진출을 해야만 했고, 심지어 풀타임 노동도 모자라 초과 노동까지 해야만 했다.

흑인 집단 거주 구역인 할렘의 어린이 3분의 1이 아버지가 사망했거나 감옥에 있다고 한다. 남은 아버지 역시 번듯한 가장 노릇을 하는 경우는 별로 없고 단지 아직 안 죽었거나 안 잡혔을 뿐인 경우가 절반이 넘는다. 결국 가족의 생계가 여성의 어깨에 걸린다. 이런 여성에게 가정이라는 굴레에서 오직 출산과 양육이라는 여성의 일만 해도 되는 백인 중산층 여성의 삶은 오히려 사치스러워 보일 지경이었다.

물론 백인 여성 중에서도 노동계급에 속한 여성은 남편의 소득만으로는 도저히 일가족의 생계가 유지되지 않기 때문에 일찌감치 노동시장에 뛰어들어야 했다. '하얀 흑인'이라는 비아냥을 듣던 아일랜드계 이주민, 이탈리아 이주민은 사실상 거의 온 가족이 일터를 뛰어다니며 간신히 먹고 사는 경우가 비일비재했다. 물론 흑인과 마찬가지로 남자가 번듯한 직장보다는 갱단 등에 속한 경우도 많았고, 그럴 때 가족의 일상을 부양하는 것은 고스란히 여성의 몫이 되었다. 이들에게는 2세대 페미니즘이 마치 여성의 사회 진출만 보장되면 문제가 해결될 것이라 믿는 중산층 여성의 순진한 환상 정도로 보였을 것이다.

그럼에도 불구하고 이들이 노동운동이나 사회주의 운동이 아닌 페미니즘 운동에 나선 까닭은 이 와중에도 남성, 가부장제의 횡포가 그들이 마주치는 가장 큰 고통의 근원이었기 때문이다. 직장에서는 성폭력과 성차별이 만연했고, 여전히 "여자가 있어야 할 자리는 가정. 나머지는 부업"이라는 논리로 이들을 '가장' 대접해 주지 않았다. 그것은 가족을 부양할 정도의 임금으로 계산하지 않고, 알바 수준의 임금만 지급했다는 뜻이다. 이들은 이중적인 착취에 시달려야 했다. 노동자라서 그중에서 여자라서.

벨 훅스bell hooks는 젠더, 계급, 인종 하나만으로 미국 흑인 여성이 처한 억압을 설명할 수 없다면서 이 모든 것을 교차하는 교차 페미니즘intersectional feminism을 주장하였다. 간혹 훅스를 '블랙 페미니스트'라 부르기도 하는데, 이 말 자체가 오히려 차별적인 뉘앙스를 줄 수 있으므로 '교차 페미니즘'이라고 부르는 것이 옳다. 그럼 왜 교차 사회주의, 교차 반인종주의가 아니라 교차 페미니즘일까? 여러 억압 반대 투쟁에 페미니즘이 교차한 것이 아니라 페미니즘에 여러 억압 반대 투쟁이 교차한 것이기 때문이다. 훅스 역시 2세대 페미니스트와 같은 문제의식을 공유하고 있지만, 다만 그렇게 사회에 진출한다고 하더라도 마주치게 될 여러 가지 이중, 삼중의 억압까지 접점을 늘려가야 한다고 보는 것이다. 따라서 중요한 것은 교차성에 있지 인종, 계급에 있는 것이 아니다. 교차 대상은 무엇이라도 될 수 있다. 최근에는 성 소수자 운동과 페미니즘을 교차하는 경향이 많다. 벨 훅스는 심지어 가부장제의 억압에 저항하는 남성 운동도 페미니즘에 포괄했다. 그래서 훅스가 사용한 말은 "모두를 위한 페미니즘"이다.

원더우먼의 역설 : 더 괴로워진 여성

프리단과 그 뒤를 이은 2세대 페미니즘이 백인 중산층 여성의 한계를 가졌다는 비판은 타당하다. 하지만 그 기여는 결코 무시할 수 없다. 무엇보다도 여성의 목소리가 조직적으로 정치에 영향을 주는 데 큰 역할을 했다. 중산층 여성이 진출할 만한 사회 영역에는 그만큼 여론을 주도하기 유리한 지위가 있기 때문이다. 여성의 사회 진출 기회가 확대될수록 이러한 지위에 진출하는 여성이 증가하며, 그런 지위에 진출하는 여성이 증가할수록 정치권에서 여성의 권익을 확대하거나 고려하는 정책이 만들어질 가능성도 커진다.

이러한 변화를 상징하는 캐릭터가 바로 유명한 원더우먼이다. 다른 슈퍼히어로가 흥미 위주의 캐릭터로 시작한 반면 원더우먼은 처음부터 페미니즘과 여권운동을 상징하는 캐릭터로 세상에 등장했고, 실제 2세대 페미니즘 운동 활동가 중에는 원더우먼이라 불린 사람이 드물지 않다. 2016년에 UN이 원더우먼을 여성인권 증진 명예대사로 위촉한 것은 결코 쇼맨십이나 조크로 한 행동이 아니다. 가상의 상업 만화 캐릭터가 이렇게 정치적인 의미를 부여받은 경우는 '노동자 계급의 대표'로 선정된 호머 심슨 외에는 따로 찾아보기 어렵다.

그런데 막상 현실에서 '원더우먼'은 페미니즘과는 거리가 먼 전혀 다른 의미로 사용되었다. 50대 교사라면 무슨 의미인지 알 것이다. 원더우먼은 바깥일과 집안일을 모두 완벽하게 해내는 여성을 일컫는 말로 바뀌었다. 이것이 바로 프리단 등 2세대 페미니

페미니즘을 상징하는 여성 캐릭터, 원더우먼 ⓒ 김은영

스트의 성과이자 한계다. 이들은 여성 삶의 선택지를 가정주부로 제한하는 굴레를 제거하자고 외쳤다. 그런데 바깥세상에 나가 보니, 가정주부의 역할은 여전히 여성에게 주어졌고, 결국 여성은 일과 가정 모두 책임져야 하는 난감한 처지가 되고 말았다. 이는 가부장제와 여기서 비롯된 질서, 문화를 타파하지 않고 단지 여성의 사회 진출 기회만 확대하는 것이 얼마나 어려운 일인지 증명하고 말았다. 훅스가 말했듯 페미니즘은 여성의 권리를 확대하는 것을 넘어 가부장제 철폐 투쟁까지 해야 했다.

그런데 결혼, 임신, 출산을 아주 거부하지 않는 한 여성이 '원더우먼'이 되지 않으면서 사회 활동을 할 수 있는 길은 기존 가정주부의 역할 중 일부분을 남편이 분담하거나 집안일을 아웃소싱하는 것 외에는 없다. 중산층 이상의 배경을 가진 2세대 페미니스트는 집안일을 아웃소싱하는 데 큰 어려움이 없는 사람이 많았으므로 이 문제를 심각하게 고려하지 않았다. 하지만 현실은 남성이 변하지 않으면 원더우먼이 되지 않는 한 여성의 사회 진출은 제한될 수밖에 없고, 결국 2세대 페미니즘 운동이 성공하려면 남성을 설득하고 변화시켜야만 했다.

바로 이 때문에 이들은 급진적 페미니스트의 비판을 받았다. 급진적 페미니스트들은 2세대 페미니스트 명망가가 남성에게 변화를 구걸하면서 그 대가로 자기들의 명성과 사회적 지위를 높이고 있다면서 여성운동을 배신했다고 비난했다. 이들은 여성이 해방되어야 할 상대방은 남성이며 이는 여성이 가정주부의 역할, 나아가 결혼 자체를 거부해야 가능하다며 강경한 태도를 보였다. 이 중에는 연애조차 거부하면서 진정한 페미니스트는 레즈비언이 되어야 한다고 주장하는 극단주의자도 있었다.

사실 이런 급진적 페미니스트는 그때나 지금이나 페미니즘을 대표하지도 않으며 그 수도 많지 않다. 그런데도 페미니즘을 거북하게 여기는 사람의 뇌리에 박힌 페미니스트는 이러한 급진적 페미니스트다. 우리나라의 이른바 이대남의 뇌리에 박힌 페미니스트 역시 바로 이런 이미지일 것이다. 혹은 이런 극단주의자의 이미지를 이용하여 페미니즘의 인상을 흐리는 상징 조작이 이루어진다고 할 수도 있다.

반면 노동계급, 유색인종 여성 운동가의 비판과 교차 페미니즘의 요구는 현실적이고 많은 시사점을 준다. 이들에게 원더우먼은 하등 신기한 것도 억울한 것도 없다. 이들은 애초에 원더우먼이 아니면 살아남지 못하는 환경에서 살았다. 중하층 계급에서는 남편 혹은 남성 파트너는 없느니만 못한 경우가 많았다. 영화 〈웨스트사이드 스토리〉미국, 스티븐 스필버그, 2021의 남자들을 보라. 그리고 그 남자들의 여성 파트너 중 전업주부가 있는가?

중하층 계급을 남성의 소득만으로는 가족을 부양할 수 없다. 또 이 계급의 남성은 교육 수준도 낮고 행실도 바르지 못해 가족은커녕 자기 한 몸 건사 못 하는 경우도 많다. 그러니 여성은 사회 진출이 막히기는커녕 사실상 강요당하는 것이나 다름없다. 문제는 그렇다고 이 남성들이 그만큼 가정주부 역할을 분담하는 것은 아니기 때문에 이들은 그야말로 원더우먼이 되어야 했다. 따라서 노동계급, 유색인종 여성 운동가의 요구는 사회 진출 기회를 확대해 달라는 것이 아니다. 여성의 노동을 집안일 플러스알파로 취급하는 부당한 임금체계를 개선하고, 여성의 특성을 전혀 반영하지 않은 살벌한 작업장의 환경을 개선하고, 일하는 여성이 자녀 양육 부담을 덜 수 있게 교육과 보육을 공적으로물론 무상으로 제공하라는 것 등이다.

바로 여기서 여성운동과 노동운동 등 기존 사회운동의 교집합이 형성되었고, 이렇게 3세대 페미니즘의 물결이 일어났다. 때마침 68혁명과 맞물리면서 페미니즘은 다양한 진보적 사회운동과 결합하면서 많은 접점을 만들어 갔다. 이렇게 한꺼번에 많은 여성운동의 물결이 쏟아져 나오면서 1970년대는 여성의 인권이 비약적으로 확대된 시기로 기록되었다.

그러나 전 세계적으로 신보수주의의 물결이 몰아친 1980~90년대에 페미니즘 역시 강력한 역공에 처하는데, 페미니즘에 대한 이러한 역공을 '백래시'라고 부른다. 백래시는 두 가지 방향에서 밀려온다. 하나는 페미니즘이 요구하는 여성의 권리를 어느 정도 공감하지만 이제는 평등을 맞추기 위한 편향이 지나쳐 '여성상위시대'가 되었으니 다시 균형을 맞추어야 한다는 것이다. 이들은 여성의 권리를 지키기 위해 만든 각종 조치를 '남성을 차별하는 조치'로 재해석하면서 이제는 그만 철폐할 것을 요구한다. 마치 여성을 이해하는 것처럼 말하면서 사실상 지금까지의 성과를 되돌리려고 하는 상당히 얄미운 논리다.

다른 하나는 차라리 솔직하다고 할 수 있는 보수주의자의 역공이다. 이들은 '가정'이라고 하는 가장 기초적인 공동체를 내세운다. 물론 '가정'을 지키는 것이 왜 꼭 여자의 책임이냐고 되물을 수 있지만, 명심하자 이들은 보수주의자다. 보수주의는 오랜 세월 동안 이어 내려오면서 사람들에게 익숙하고 친근해진 것을 근거로 삼는다. 그것은 바로 '어머니'다. 이들의 논리는 다음과 같다.

① 지금 세상이 도덕적 위기다.
② 이 위기는 가정이 무너졌기 때문이다.
③ 가정이 이렇게 무너진 이유는 어머니의 부재 때문이다.
④ 따라서 여성이 가정으로 돌아가야 한다. 사회적으로 활약하는 여성도 가치 있고 멋지지만, 역시 여성의 가장 아름

답고 위대한 역할은 어머니다.

대충 이런 식이다. 말은 길지만 한마디로 요약하면 "여자가 어딜 바깥을 나다녀? 살림이나 해."가 되겠다.

이런 백래시의 배경에는 단지 가부장제, 남성의 지배만으로는 설명할 수 없는 큰 구조적 원인이 있다. 그것은 페미니즘이 주로 서방 세계에서 이루어진 여성을 담보로 하는 노동과 자본의 공모를 더 이상 불가능하게 만들었다는 것이다. 여성을 담보로 하는 노동과 자본의 공모는 자본이 일정한 양보를 통해 정규직 노동자를 중산층 수준으로 만들어 주고 각종 복지제도를 통해 기본적인 생활을 보장하는 것이다. 하지만 이는 가장인 남성 노동자를 기준으로 책정한 임금이며, 집에서 누군가가 부불노동으로 많은 일을 담당하는 것을 전제로 하는 소득이며 복지다. 다른 한편으로는 제3세계 저임금 노동자의 착취를 배경으로 하기도 하지만, 이 역시 차차 제3세계 아동과 여성 노동의 착취 쪽으로 집중되었다.

가장 기본적인 권리 요구로 돌아간 페미니즘 운동

1980~90년대는 세계적인 백래시의 시대라 할 만했다. 모든 것이 뒤로 돌아갔고, 거의 모든 분야에서 기득권의 거센 반격이 있었다. 중간에 잠시 영부인을 지내고, 새로운 여성상을 만들어 낸 힐러리 클린턴이라는 이변이 있었지만, 덕분에 그는 미국 가부장 공공의 적이 되어 버렸다. 2016년 대통령 선거에 출마한 힐러

리 클린턴이 사상 최악의 후보 트럼프에게 패배한 배경에도 백래시의 집중포화가 있었기 때문이다. 그런데 이런 백래시를 무너뜨린 반격은 가장 원초적인 수준에서 터져 나왔다.

백래시는 주로 이런 고나리질과 함께한다.

- 여자가 너무 중요한 지위를 많이 차지한다.
- 여자가 가정을 지키지 않아 사회가 타락한다.
- 여자에게 너무 권리를 많이 줘서 남자가 오히려 역차별당한다.

그동안 페미니즘은 이런 목소리에 대해 "사실은 그렇지 않다."라며 하나하나 논리적으로 대응하는 방식을 취했다. 하지만 애초에 저 목소리들이 논리적으로 도출된 것이 아니기에 성과를 거둘 수 없었다.

반격은 엉뚱한 데서 터졌다. "지위고 권리고에 앞서 먼저 사람 취급받고 안심하게 살게 해 달라."는 가장 원초적이고 근본적인 요구가 터져 나온 것이다. 사회적 진출, 정치적 권리, 자기 결정권 등을 놓고 다투는데 그보다 훨씬 먼저 해결했어야 할 생존과 안전이라는 가장 근본적이고 원초적인 문제를 들고나온 것이다. 가부장들은 당황했다. 남성이 가부장의 권위를 가지려면 복종의 대가로 안전을 제공해야 하는데 바로 그 문제를 지적하고 나왔기 때문이다. 가부장에게 안전을 제공해 달라고 요구하는 것이 아니라 "너희로 부터 안전해지고 싶어."라고 치고 나왔기 때문이다.

사실 안전과 생존의 문제는 너무도 원초적이고 근본적이라 그동안 남성은 "설마 그런 것이 문제였을라고?"라고 생각했던 것들이다. 비유하자면 남성이 "고기반찬을 그만 가져가라."라며 덤비는데 여성이 "우리에게 숨 쉴 공기와 마실 물을 달라."고 항변한 것이다. 상대는 숨 쉬고 물 마시는 것을 걱정하는데 고기반찬 타박을 했으니 얼마나 난감하겠는가? 양심이 있다면 난감해할 것이며, 양심이 없다면 "이런, 한 방 먹었다."라고 생각할 것이다. 그 놀라운 반전이 무엇이었을까? 바로 미투운동이다.

미투운동Me Too Movement은 2006년 미국의 여성 사회운동가 타라나 버크Tarana Burke가 약자 중에서도 가장 약자라고 할 수 있는 유색 인종 여성과 어린이가 학대와 폭력의 피해를 보고도 보복이 두려워 이를 드러내지 못할 때 서로 연대하여 자신의 피해 사실을 드러내도록 독려하고 함께 용기를 내자고 창안한 것이다. "당신 혼자가 아니다."라는 것을 확인시켜 줌으로써, 또 "당신과 함께 할 것이다."라는 의지를 보여 줌으로써 피해자끼리 서로 연대하고 공감하면서 세상을 바꾸어 나갈 수 있다는 것이다.

처음에는 익명으로 조심스럽게 시작했다. 하지만 운동이 확산하면서 Me Too라 말하며 연대를 표시하는 여성이 늘어나고 피해자 역시 점점 용기를 내며 자신을 드러내기 시작했다. 미투운동을 최근 몇 년간 갑자기 터져 나온 것처럼 생각하기 쉽지만, 실제로는 이렇게 10년 이상 수면 아래서 힘을 키우고 용기를 키우며 서서히 성장해 왔다. 그러다 이 운동이 세상을 깜짝 놀라게 한 사건이 2017년 10월에 터져 나온 하비 와인스타인 사건이다.

와인스타인은 할리우드의 거물 영화 제작자다. 정치적으로는 진보 성향이 강하며 민주당의 주요 후원자 중 하나이며, 페미니스트를 자처한 인물이다. 그런데 2017년 10월 5일 《뉴욕타임스》에 와인스타인이 수십 년에 걸쳐 성폭력 범죄를 저질렀다는 폭로 기사가 나왔다. 이 사건이 엄청난 파문을 일으킨 까닭은 가해자가 영화제작자라 피해자 중에는 세계적인 스타가 여럿 포함되어 있었기 때문이다. 처음 피해 사실을 공개하며 가해자를 고발한 스타는 애슐리 주드다. 이후 미라 소르비노, 케이트 블란쳇, 기네스 팰트로, 안젤리나 졸리, 셀마 헤이엑, 우마 서먼, 헤더 그레이엄 등등 그 목록은 상상을 초월할 정도다. 범행은 주로 이 스타들이 신인이던 시절에 이루어졌다.

와인스타인 자신이 배우 커리어를 좌우할 거물인데다 인기와 평판이 자산인 연예인의 특성상 쉽게 피해 사실을 드러내지 못한다는 점을 이용한 악랄한 범죄다. 심지어 진보적 성향으로 알려진 영화계 남성 거물은 이 사실을 알면서도 모른 척하거나 사소한 문제로 넘겼다. 로버트 로드리게스, 쿠엔틴 타란티노, 올리버 스톤 등이 대표적이다. 또 평소 진보적이며 여성인권 옹호자로 유명한 방송인 오프라 윈프리조차 와인스타인의 성범죄를 묵인했다는 비난을 받았다.

할리우드의 유명 스타가 일제히 "미투"를 밝히며 지지와 연대를 표시했고, 수많은 스타가 골든글로브 시상식에 모두 검은 옷을 입고 참석하면서 온 세계로 이 운동이 확산하는 데 큰 역할을 했다. 이들은 와인스타인의 사건은 빙산의 일각이며 할리우드에는

2017년 〈타임〉 올해의 인물 표지. 미투운동에 나섰던 여성들이다.

이런 일이 흔하다며 입을 모았다. 아니나 다를까 할리우드 유명 인사의 성폭력 가해 사실이 잇따라 폭로되었다. 아카데미상을 두 번이나 받은 유명 배우 케빈 스페이시, 역시 유명 배우인 찰리 신 등의 추악한 행위가 만천하에 드러났다.

마침내 미투운동은 영화계, 연예계를 넘어 모든 영역의 힘 있고 명성 있는 남성을 무너뜨리기 시작했다. 미국의 대표적인 뉴스 진행자인 찰리 로즈가 미투로 인해 모든 경력을 날리고 무너졌다. 뉴욕 메트로폴리탄 오페라의 예술 감독인 세계적인 지휘자 제임스 레바인이 모든 명예와 경력을 날리고 무너졌다. 민주당의 차기 대선주자 중 한 사람인 앨 프랭큰 상원의원이 여러 차례 저지른 성추행이 폭로되면서 의원직을 사퇴했다. 역시 민주당의 지도급 인사이자 최다선 의원인 존 코니어스가 정계를 은퇴했다.

미국뿐 아니라 세계 여러 나라에서 힘 있는 남성 셀럽의 성폭력, 성추행이 폭로되면서 위선의 가면이 벗겨지고 커리어가 무너졌다. 영국에서는 여왕이 가장 아끼던 왕자가 그만 모든 명예를 잃어버렸다. 심지어 유명한 빌 게이츠조차 미투를 비껴가지 못하고 존경의 대상에서 미끄러져 내려갔다. 그 파도는 우리나라까지 밀려왔다. 유력한 차기 대통령으로 손꼽히던 시장과 도지사가 잇따라 자기 비서에게 행사한 성폭력으로 직위를 상실하거나 감옥에 가거나 심지어 스스로 목숨을 끊었다. 연극계의 대부라 불리던 극작가 겸 연출가가 둘이나 모든 명예를 잃어버리고 쓸쓸히 퇴장했다.

미투운동은 여성이 더 많은 보수와 높은 지위를 요구하는 것은 나중 문제고 우선 가장 기본적인 인간으로서의 존중부터 문제가 되고 있음을 폭로함으로써 80~90년대부터 밀려오던 백래시를 무너뜨렸다. 또한 페미니즘이 정치적, 사회적 쟁점이 아니라 일상생활의 문제임을 환기하면서 저변을 넓혔다. 비록 페미니즘, 페미니스트라는 말 자체는 사용하지 않더라도 많은 여성이 여성 권리 운동에 관심을 가지고 공감하게 되었다.

물론 미투운동 역시 강력한 반격, 백래시에 시달려야 했다. 특히 사회적으로 유력한 인사 혹은 주류 여론이 가해자를 두둔하면 피해자는 크게 위축되며 오히려 자신이 매장될 것 같은 두려움에 사로잡히게 된다. 이렇게 위축된 피해자를 향해 가해자 측에서 자주 동원하는 논리가 "서로 괜찮은 줄 알았다. 싫다면 그때 말하지 그랬냐?"라는 것이다. 심지어 거기에 무슨 저의가 있는 것은 아닌지 의심의 눈초리까지 받아야 한다.

하지만 이 논리에 맞서 싸우는 과정에서 미투운동은 경찰이나 검찰이 여성의 성폭력 피해를 얼마나 하찮게 처리하는지, 그리고 가해자에 대한 응징이 얼마나 솜방망이 같은지, 무엇보다도 그럴 때 가해자의 보복이 얼마나 심각한지를 폭로했다. 그동안 뭐 하고 있다가 이제 와서 말하느냐고? 그동안은 가해자가 피해자의 경력 전체를, 심지어는 생명까지도 쥐고 흔들 수 있는 상황에서 경찰, 검찰의 보호를 기대하기 어려워서 어디에도 호소하지 못하고 혼자 고통스러워했는데, 피해자끼리 또 여성끼리 연대하는 운동이 일어났기 때문에 비로소 용기를 낸 것이다. 그 연대 망이 누적되고 임계점을 넘기까지 10년이 걸린 것이다.

가해자의 보복이 생명까지 위협한다는 것은 결코 과장이 아니다. 사실 성폭력 자체가 이미 생명을 위협하는 것이다. 성폭력은 가해자가 피해자의 방어를 무력화하고 신체에 대한 통제권을 획득한 상황에서 이루어진다. 성폭력 피해자가 느끼는 공포감은 당사자 아니면 알기 어렵다. 실제로 성폭력은 종종 더 큰 폭력, 나아가 살인으로 이어지는 경우가 많다. 한마디로 강간할 수 있다는 것은 죽일 수 있다는 것이다. 그 선택권을 순전히 가해자가 가진 상태다.

심지어 성폭력 가해자가 아니라 남편, 남자 친구, 데이트 상대의 폭력으로 생명을 잃는 여성의 사례가 점점 늘어나고 있다. 이

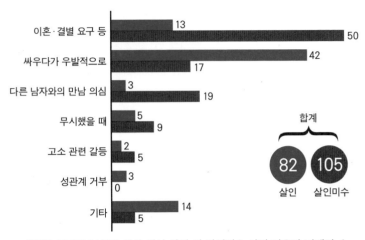

친밀한 관계의 남성에 의한 여성 살인 및 살인미수 사건 이유와 피해자 수
(단위 명, 2016년 기준)
자료 : 한국여성의 전화

혼한 전남편이 재혼한 전처를 살해하거나 헤어지자고 말하는 여자 친구를 살해하거나 심지어 여자 친구의 가족까지 살해하는 등 끔찍한 폭력이 의외로 가벼운 처벌을 받는 것을 보고 여성들은 경악했다. 이별을 통보한 여자 친구를 격분하여 "때려죽인" 남성이 겨우 징역 4년을 선고받은 것이다. 이 경우 판사들은 격분한 상황에서 우발적으로 범행했고 고의성이 없다는 안일한 판단을 하기 일쑤다. 사망에 이르게 해도 징역 4년인데 단지 때리기만 하면 과연 의미 있는 처벌을 기대할 수 있을까?

　　강남역 참사 때만 해도 만만한 여자만 골라 묻지 마 폭력을 행사하는 일부 정신 나간 남자로부터 나라가 여성의 안전을 지켜주지 못했다는 항의의 목소리가 높았다. 그때 화장실 밖에서 기다리다 참변을 알아차리고 울부짖던 당시 피해 여성의 남자 친구도 많은 동정을 받았다. 하지만 여자 친구가 그만 사귀자고 했다는 이유로 살벌한 폭행을 가하거나 심지어 살해하는 이른바 이별 범죄가 연이어 발생하면서 어느 정신 나간 사이코패스가 아니라 내 옆에 있는 친밀 관계의 남성마저 언제든지 흉신악살로 돌변할지 모르는 불안 속에 살게 되었다. 누구도 안전하지 않다. 친밀 관계의 남성도 두려워해야 할 상황인데 낯선 남성이라면 어떨까?

공권력도 믿을 수 없다. '강서구 사건'은 전 남편이 헤어지는 과정에서 기분이 나빴다는 이유로 피해자를 지속해서 괴롭히다 끝내 살해한 사건이다. 이 과정에서 피해자는 경찰에 신고도 하고 접근금지 명령까지 받았지만 결국 공권력은 피해자의 생명을 보호하지 못했다.

그럼에도 불구하고 아직도 우리 사회는 여성이 느끼는 공포에 충분히 공감한 것 같지 않다. 성폭력 피해자에게 여전히 의심의 눈길을 보내는 경우도 많다.

"충분히 저항하지 않았다. 그건 사실상 합의 아닌가?"

이런 식의 사고방식이 여전히 남아 있어서 성폭력 피해를 호소하면 으레 '꽃뱀론'이 따라붙는다.

하지만 '충분한 저항'의 기준이 뭔가? 막상 폭력이 가해지는 상황에서 여성이 처음 느끼는 것은 생각보다 훨씬 강한 남성의 힘이다. 생각보다 훨씬 강한 힘에 신체가 강한 타격을 입고 제압당하는 경험을 하면 생명의 위험을 느끼거나 거의 쇼크 상태에서 심신 상실로 이어지는 것은 당연한 일이다.

역도 종목의 남녀 세계 기록을 비교해 보면 실감이 날 것이다. 남성과 여성의 힘, 특히 상체 힘의 차이는 단지 여성의 체구가 더 작아서 비롯되는 것이 아니다. 표에서 확인할 수 있듯이 남자 56kg급의 역도 최고기록은 이보다 무려 20kg이나 더 무거운 여자 75kg급 최고기록을 능가한다. 즉 겉보기에 여성이 남성보다 체구가 현저하게 큰 경우에도 오히려 남성의 힘이 더 강하다. 더구나 이것은 체계적인 훈련을 하는 선수들의 기록이다. 일반적인 여성의 경우 일반적인 남성에 비해 운동량이 적은 것이 보통이며 따라서 그 차이는 더욱 벌어질 것이다. 더구나 현실에서 마주치는 남성과 여성은 오히려 남성이 여성보다 20kg 이상 무거운 경우가 일반적이다. 그렇다면 여자 58kg급의 기록사실 이 조차도 일반적인 여성보다 훨씬 큰 체격이다과 남자 77kg급이건 일반적인 남성의 체격이다의 기록을 비교해 보아야 한다. 거의 두 배 차이가 난다는 것을 확인할 수 있다.

혹자는 모든 남성을 잠재적 범죄자 취급한다며 분노를 터뜨린다. 하지만 공공의 안전을 위하여 익명 전체를 잠재적으로 의심하는 일은 생각보다 흔하다. 공항 보안검색대는 모든 항공기 탑승객을 잠재적 테러리스트로 취급하여 소지품을 검사하고 일부 소지품을 압수한다. 하지만 여기에 분노하는 남성은 보지 못했다. 혹은 남초 커뮤니티나 남자끼리 모임에서 학교 혹은 직장의 동료 여성 얼평을 하거나 관음증적 이야기를 나누며 낄낄거리는 모습도 흔히 볼 수 있다. 이때 여성을 잠재적인 성폭력 대상으로 삼으면 안 된다는 말을 누가 한다면 아마 왕따가 되어 버릴 것이다.

기껏해야 기분 나쁘고 번거로울 뿐이다. 그렇다고 남자에게

체급	부분	기록	선수(남자)	국가
55kg	인상	139kg	우징바오	중국
	용상	171kg	엄윤철	조선민주주의인민공화국
	종합	307kg	롱칭촨	중국
62kg	인상	154kg	김은국	조선민주주의인민공화국
	용상	183kg	첸리준	중국
	종합	333kg	첸리준	중국
69kg	인상	166kg	랴오후이	중국
	용상	198kg	랴오후이	중국
	종합	359kg	랴오후이	중국
77kg	인상	177kg	뤼샤오준	중국
	용상	214kg	니자트 라히모프	카자흐스탄
	종합	380kg	뤼샤오준	중국
85kg	인상	187kg	안드레이 리바코우	벨라루스
	용상	220kg	키아누시 로스타미	이란
	종합	396kg	키아누시 로스타미	이란

체급	부분	기록	선수(여자)	국가
-58kg	인상	111kg	천얀칭	중국
	용상	141kg	혼메이 치우	중국
	종합	251kg	천얀칭	중국
-63kg	인상	117kg	스웨트라나 자루카제와	러시아
	용상	143kg	마이자 마네사	카자흐스탄
	종합	257kg	류 하이샤	중국
-69kg	인상	128kg	류춘훙	중국
	용상	158kg	류춘훙	중국
	종합	286kg	류춘훙	중국
-75kg	인상	135kg	나탈랴 사보로트나야	러시아
	용상	163kg	나데슈다 유스튜치나	러시아
	종합	296kg	나탈랴 사보로트나야	러시아
75+kg	인상	155kg	타탸나 카시리나	러시아
	용상	193kg	타탸나 카시리나	러시아
	종합	340kg	다댜나 가시리나	러시아

남자 역도 기록과 여자 역도 기록 (기준 2019. 09. 27)

일단 벌금 먼저 부과 하거나 여성과 격리하는 것은 아니지 않은 가? 잠깐의 기분 나쁨과 번거로움의 반대급부가 생명이라면 이건 당연히 가능한 교환이다. 설사 2000만 명을 기분 나쁘고 번거롭게 하더라도 그럼으로써 한 사람의 생명을 지킬 수 있다면 여전히 교환비가 충분하다.

능력주의를 외치기 전에 고려할 것

지금까지 여성이 요구하는 권리가 오히려 큰 것에서 작은 것으로, 파생적인 것에서 가장 근본적인 생명과 안전에의 요구로 후퇴하는 과정을 살펴보았다. 이는 페미니즘 등장 이후 여성의 권익이 향상되어 이제는 평등하다 못해 오히려 남성이 역차별받는다고 주장하는 보수주의자의 주장과는 상반된 결과다. 그런데 놀랍게도 우리나라에서 이른바 이대남 중 상당수가 이렇게 생각한다.

2020년 리얼미터에서 실시한 한국사회 인식 조사에서 20대 남자 3분의 2가 남성차별 문제가 심각하다고 응답한 것이다. 남자의 생각이 아니다. 같은 남자라도 30대 이상 남자는 남성차별이 심각하다는 것에 동의하는 비율이 심지어 20대 여성보다도 낮았다. 30대 이상 남자의 생각은 "이만하면 이제 성차별은 없는 거 아니야?"에 가까운데, 유독 20대 남자는 "이제 남성이 차별받는다."고 외치는 것이다. 여기에 대해 20대 여자가 "너희가 무슨 차별을 받는다고 징징거리냐?"라고 반응하면서 한국사회가 사상 유례없는 청년층의 성 대결 구도로 흘러가고 말았고, 이를 조정해야 할

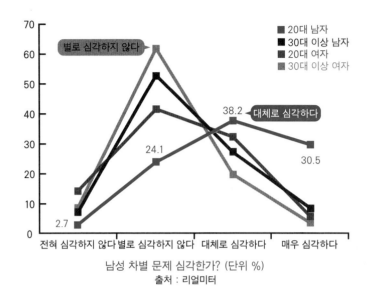

남성 차별 문제 심각한가? (단위 %)
출처 : 리얼미터

정치인은 도리어 이 갈등을 동원하여 자기 지지율을 높이는 데 사용함으로써 상황을 더 어렵게 만들었다.

그런데 남성이 차별받는다고 주장하는 20대 남성이 여자한테 폭행당하거나 생명의 위협을 느끼는 상황은 아니라는 점에서 이들이 주장하는 "이제는 여성 차별을 넘어 남성 차별"이라는 논리는 성립하기 어렵다. 이들이 말하는 역차별은 오히려 사회 상층부에 속하는 일자리안정적으로 중간 이상 소득을 보장하는 정규직를 여성과 나누어야 하는 상황이 불편한 것에 불과하다. 이런 정규직 일자리가 갈수록 줄어들고 여기 들어가기 위한 경쟁이 세대가 내려갈수록 어려워지는 상황의 원인을 엉뚱하게 "여자들이 끼어들어서"라고 돌리는 것이다. 이들은 이런 상황이 양성평등을 위해 여성에게 유리하게 조성된 불공정한 경쟁 때문이라고 주장한다. 그리고 이제 여성에 대한 구조적인 차별은 거의 철폐되었기 때문에 여성에게 유리한 조치는 모두 폐지하고 철저히 능력과 성취에 따라 중요한 자리와 보수가 결정되어야 한다고 주장한다. 이 주장이 정당화되려면 '능력 → 성취'로 이어지는 과정에 다른 노이즈가 끼면 안 된다. 바로 여기서 '공정'이 등장한다. 모든 사람이 다른 누구의 도움도 받지 않고 자기 힘으로 경쟁하여 더 많은 성취를 거둔 사람이 더 많은 보상을 가져가는 것, 이것이 바로 공정이며 이런 공정이 구현되는 것이 바로 능력주의다.

능력주의자들은 지금도 여전히 여자들이 불공정한 경쟁을 하고 있다는 사실을 알지 못한다. 이 불평 가득한 젊은 남성이 동년배 여성보다 더 능력이 있다고 확신하는 만큼 그들이 자기들과 커리어를 다투는 여성 경쟁자보다 훨씬 여유롭게 시간을 사용한다는 사실도 깨달아야 한다. 다음의 그림에 이것이 매우 효과적이고 신랄하게 풍자되어 있다.

이 그림에서 남성과 여성은 마치 똑같은 출발점에 선 것처럼 보이지만 실제로는 전혀 다른 종목을 달리고 있다. 여성은 장애물 달리기를 해야 하고, 남성은 평지 트랙을 달린다. 하지만 이 그림 속 남성들은 불공정을 주장하며 항의할 것이다. 여성은 인코스 남성은 아웃코스를 달리게 되어 있기 때문이다. 그래서 이들은 똑같은 선상인데 여성을 무조건 인코스에 배당하는 것은 불공정하다. 이미 여성도 남성과 똑같이 달릴 기회를 준 이상 이런 할당은 더 이상 필요하지 않다고 주장할 것이다. 이런 상황에서 남성은 만약 여성이 달리는 레인의 장애물을 치우거나 그중 아주 작은 것 하

MERITOCRACIA

능력주의란? © Carlin

나라도 남성이 달리는 레인에 옮겨 놓으면 '역차별'이라고 소리 높여 외칠 것이다.

페미니즘은 별다른 특별한 사상도 무슨 세상을 뒤집자는 혁명 이론도 아니다. 남성과 싸우자는 것도 양성 간의 지배관계를 뒤집자는 것도 아니다. 다만 그림에서 보는 것과 같이 장애물에 관심을 가지고 이를 함께 부담하자는 요청에 불과하다. 심지어 이 장애물 중에는 남성이라면 크게 고민하지 않을 생명과 안전에 대한 불안까지 포함되어 있다. 물론 남성이 달려갈 레인이 장애물 하나 없는 매끈한 코스만은 아닐 것이다. 하지만 여성의 레인과 비교할 바는 아닐 것이다. 무엇보다 여성 레인에 깔린 장애물, 즉 눈에 쉽게 띄고 코스 앞쪽에 배치된 것들을 외면하는 눈으로는 자기 레인에 깔린 장애물 역시 보지 못할 것이다. 장애물을 보지 못하고 평평한 코스라 생각하고 전력 질주한다면 우승은커녕 크게 다칠 수도 있다.

결국 페미니즘은 사람이 사람답게 살아가는 것을 가로막는 여러 장애물과 차별에 대한 민감성을 기르는 것이다. 물론 지금까지의 이야기에 대해 그건 "오빠나 아재가 허락한 착한 페미니즘"이라며 강하게 반발하는 급진적인 페미니스트도 있을 것이다. 물론 그 입장도 존중할 수 있다. 그러나 어차피 여성의 힘만으로 또 남성의 힘만으로 현재의 기울어진 세상을 바로잡기 어렵다는 점도 함께 이해할 필요가 있다.

■

참고 문헌

게르드 브란튼베르그, 《이갈리아의 딸들》, 히스테리아 옮김, 황금가지, 1996

권재원, 《우리를 정의하는 것은 우리의 행동입니다》, 서유재, 2021

김애순·이진송, 《하고 싶으면 하는 거지 비혼》, 알마, 2019

로이 F. 바우마이스터, 《소모되는 남자》, 서은국·신지은·이화령 옮김, 시그마북스, 2015

로즈마리 퍼트넘 통·티나 페르난디스 보츠, 《페미니즘: 교차하는 관점들》, 김동진 옮김, 학이시습, 2019

린디 웨스트, 《나는 당당한 페미니스트로 살기로 했다》, 정혜윤 옮김, 세종서적, 2017

베티 프리단, 《여성성의 신화》, 김현우 옮김, 갈라파고스, 2018

벨 훅스, 《남자다움이 만드는 이상한 거리감: 페미니스트가 말하는 남성, 남성성, 그리고 사랑》, 이순영 옮김, 책담, 2017

벨 훅스, 《모두를 위한 페미니즘》, 이경아 옮김, 문학동네, 2017

샬럿 퍼킨스 길먼, 《허랜드》, 권진아 옮김, 아르테, 2020

수전 팔루디, 《백래시: 누가 페미니즘을 두려워하는가?》, 황성원 옮김, 아르테, 2017

스베냐 플라스푈러, 《힘 있는 여성》, 장혜경 옮김, 나무생각, 2018

우에노 지즈코, 《여성은 어떻게 살아남을까》, 박미옥 옮김, 챕터하우스, 2018

우에노 지즈코, 《여성 혐오를 혐오한다》, 나일동 옮김, 은행나무, 2022

우에노 지즈코·미나시타 기류, 《비혼입니다만, 그게 어쨌다구요?!》, 조승미 옮김, 동녘, 2017

제시카 발렌티, 《처음 만나는 페미니즘》, 노지양 옮김, 교양인, 2018

조앤 월라치 스콧, 《페미니즘 위대한 역사》, 공임순·이화진·최영석 옮김, 앨피, 2017

준 카르본·나오미 칸, 《결혼 시장: 계급, 젠더, 불평등 그리고 결혼의 사회학》, 김하현 옮김, 시대의창, 2019

초등성평등연구회, 《학교에 페미니즘을》, 미터, 2018

토니 포터, 《맨박스》, 김영진 옮김, 한빛비즈, 2019